フランス人が日本人によく聞く100の質問

フランス語で日本について話すための本

全面改訂版

Cent questions sur le Japon

中井 珠子
南 玲子
飯田 良子

SANSHUSHA

まえがき

　フランス人は日本にたいへん興味を持っています。中学・高校で世界地理や歴史をしっかり勉強しているので、つっこんだ質問をされることもよくあります。うろたえず即座に答えるためには、日本に関する知識、説明の仕方、そして語彙を日ごろから準備しておかなければなりません。この本はそのためのヒントです。ご自分の経験や分析を加えて話をなされば、きっと話がはずむでしょう。

　『フランス人が日本人によく聞く100の質問』（福井芳男、中井珠子共著）の初版が出版されたのは1984年でした。1996年の改訂から15年がたった今回、強力なメンバーが加わって全面的に見直し、内容を一新しました。

　統計資料については、主として省庁のホームページからアクセスできる白書類やアンケート調査、および『日本国勢図会 2012/13年版』(公益財団法人矢野恒太記念会 編集・発行)を参照しました。また、『現代日本の家族変動―第3回全国家庭動向調査―』（国立社会保障・人口問題研究所編、平成19年発行）、株式会社 東京カンテイおよび結婚情報誌ゼクシィ（リクルート発行）のホームページも参考にしました。できるだけ新しいデータを使うようにしましたが、現実は急速に変化し、数字はすぐに古くなります。必要に応じて、データを更新してください。

　この本では、日本語をフランス語に一対一で対応させることよりも、自然なフランス語を優先させている場合があります。あえて意訳を選んだのは、フランス語と日本語では表現の発想が異なるためです。最初はすこし戸惑うこともあるかもしれませんが、そのちがいもぜひ味わってみてください。

　フランス語の文章については Marina Sala さんの全面的な協力を得ました。正確で分かりやすくフランス人にも読みやすい本ができあがったことに深く感謝しています。最初の原稿作成に加わってくださった渋谷麻衣子さん、Lysiane Courteille さん、原稿チェックや最終校正を手伝ってくださった Jacques Maillard さん、Francine Goujon さん、Martine Dauzier さん、そして、初版以来、いつもなかなか進まない仕事を忍耐強く見守っ

てくださった澤井啓允氏、同氏の後を継いでこの本を仕上げてくださった松居奈都さんに、心からお礼を申し上げます。

　本書『フランス人が日本人によく聞く100の質問 全面改訂版』が、フランス語で日本について話しながら外国人との交流を深めたい方、日本を知りたい方のお役にたてば幸いです。

著者一同

第3刷にあたって
　第3刷発行にあたり、フランス語、日本語ともにいくつかの表現を改めました。統計をはじめとする事象の記述は初版時のままにとどめています。本文のデータの数値等を入れ替えながら、実際のコミュニケーションに応用していただければ幸いです。

フランス語に取り入れられ、定着している語（kaki, kimono, zen など）もこの本では日本語として扱い、イタリックで表記しました。このような語はフランス語の名詞として使われる場合、複数には -s をつけます。また、ほぼすべて男性名詞です。

Table des matières　　目　　次

第1章　地理・自然　La géographie et la nature ……………… 9
　1.　Le territoire　国土 ……………………………………………… 10
　2.　Le climat　気候 ………………………………………………… 12
　3.　La population et la ville　人口と大都市 …………………… 15

第2章　飲食　L'alimentation ……………………………………… 19
　4.　Les repas　食事 ………………………………………………… 20
　5.　Les baguettes　箸（はし）…………………………………… 23
　6.　Le riz　米 ………………………………………………………… 25
　7.　La viande　肉 …………………………………………………… 27
　8.　Le poisson　魚 ………………………………………………… 29
　9.　Les boissons　飲みもの ……………………………………… 32
　10.　Les boissons alcoolisées　酒 ………………………………… 35
　11.　Les fruits　果物 ………………………………………………… 38
　12.　Le dessert　デザート ………………………………………… 40
　13.　La cuisine japonaise　日本料理 …………………………… 42
　14.　Les cuisines étrangères　外国料理 ………………………… 44
　15.　La cuisine française　フランス料理 ……………………… 46

第3章　住まい　L'habitation ……………………………………… 49
　16.　La maison japonaise　日本の家 …………………………… 50
　17.　L'habitude de se déchausser　靴を脱ぐ習慣 …………… 52
　18.　Le *tatami*　畳（たたみ）…………………………………… 54
　19.　Le *futon*　布団 ………………………………………………… 56
　20.　Le bain　風呂 …………………………………………………… 58
　21.　Le chauffage et la climatisation　冷暖房 ………………… 60

第4章　生活　La vie quotidienne ………………………………… 63
　22.　Les salutations　挨拶 ………………………………………… 64

23. Les cadeaux　贈りもの ……………………………………… 66
24. Les visites　お客 ……………………………………… 69
25. Les achats　買いもの ……………………………………… 71
26. La supérette « *konbini* »　コンビニ ……………………… 74
27. Les chemins de fer　鉄道 ……………………………………… 76
28. Le *Shinkansen* (train à grande vitesse japonais)　新幹線 ………… 78
29. Les transports en commun dans les grandes villes
　　大都市の公共交通 ……………………………………… 81
30. La voiture　自動車 ……………………………………… 83
31. La télévision et la radio　テレビとラジオ ……………… 86
32. Les journaux　新聞・雑誌 ……………………………… 89
33. L'écriture　文字 ……………………………………… 91
34. La livraison à domicile　宅配便 ……………………… 94
35. Les masques　マスク ……………………………………… 96

第5章　家族　La famille ……………………………………… 99

36. La famille　家族 ……………………………………… 100
37. Les parents et les enfants　親子 ……………………… 103
38. Le couple　夫婦 ……………………………………… 106
39. Le mariage et le divorce　結婚と離婚 ……………… 108
40. De la fiancée à l'épouse　婚約から結婚まで ……… 111
41. La cérémonie du mariage　結婚式 …………………… 113
42. Les salariés　サラリーマン ……………………………… 117

第6章　社会　La société ……………………………………… 119

43. L'espérance de vie　平均寿命 ………………………… 120
44. Les personnes âgées　高齢者 ………………………… 122
45. L'environnement　環境 ……………………………… 125
46. Le logement　住宅 ……………………………………… 128
47. Les femmes　女性 ……………………………………… 131

48. La crèche　保育所 …… 134
49. Les étrangers　外国人 …… 137
50. Les tremblements de terre　地震 …… 140
51. Le tabac　タバコ …… 143
52. Le suicide　自殺 …… 145
53. Le crime　犯罪 …… 147

第7章　政治・経済・制度　La politique, l'économie, les institutions　149

54. La Diète et les élections　国会と選挙 …… 150
55. L'empereur　天皇 …… 153
56. Les Forces d'autodéfense　自衛隊 …… 155
57. L'énergie　エネルギー …… 158
58. L'économie　経済 …… 160
59. Les entreprises et les employés　企業と従業員 …… 163
60. La retraite　定年 …… 166
61. Les syndicats　労働組合 …… 168
62. La protection sociale　社会保障 …… 171
63. L'agriculture, la sylviculture et la pêche　農林水産業 …… 174
64. Le système éducatif　教育制度 …… 177
65. Les concours d'entrée à l'université　大学入試 …… 180
66. La vie scolaire (l'école primaire, le collège, le lycée)
　　学校生活（小学校、中学校、高校） …… 182
67. Les langues étrangères　外国語 …… 186
68. Les problèmes de l'éducation　教育上の問題 …… 189

第8章　伝統文化　La culture traditionnelle …… 193

69. Le *kimono*　和服 …… 194
70. Les arts traditionnels　伝統芸術 …… 198
71. Le *chanoyu*　茶の湯 …… 200
72. L'*ikebana*　生け花 …… 203

73.	Le *bunraku* 文楽	205
74.	Le *no* et le *kyogen* 能と狂言	207
75.	Le *kabuki* 歌舞伎	210
76.	Le *haiku* 俳句	212
77.	Le *waka* 和歌	215

第9章 宗教　La religion　217

78.	Les religions 宗教	218
79.	Le shintoïsme 神道	221
80.	Le bouddhisme 仏教	224
81.	Le *zen* 禅	227
82.	Le christianisme キリスト教	230

第10章 スポーツ　Le sport　233

83.	Les sports スポーツ	234
84.	Le base-ball 野球	236
85.	Le golf ゴルフ	238
86.	Le *judo* 柔道	240
87.	Le *sumo* 相撲	242
88.	Les sports d'hiver ウィンタースポーツ	245

第11章 趣味・娯楽　Les loisirs　247

89.	Le cinéma et le théâtre 映画と演劇	248
90.	La musique 音楽	251
91.	Les *manga* et les dessins animés 漫画とアニメ	254
92.	Akihabara ou « *Akiba* » 秋葉原／アキバ	257
93.	Les animaux de compagnie ペット	259
94.	Les vacances 休暇	261
95.	Les voyages à l'étranger 海外旅行	264
96.	Les voyageurs des étrangers au Japon 外国人の日本旅行	267
97.	Le *ryokan* et l'hôtel 旅館とホテル	271

98. La station thermale, *onsen*　温泉 ……………………………………… 274
99. La nature et les paysages　自然と景観 ……………………………… 277
100. Les sites historiques　名所旧跡 …………………………………… 281

　　日本固有のものを示す語リスト …………………………………… 287

本書は、『新版 フランス人が日本人によく聞く100の質問』（福井芳男、中井珠子共著）の内容を、質問・答えともに大幅に見直し、質問の入れ替え・内容の加筆訂正等を全面的に行ったものです。

第1章
地理・自然

La géographie et la nature

1 Le territoire

国　土

Q Où se trouve le Japon ?
日本はどこに位置しますか？

R Le Japon est un pays insulaire. Il est situé à l'est de la Chine et de la péninsule coréenne et à l'ouest de l'océan Pacifique. C'est un archipel qui comporte quatre îles principales : Hokkaido, Honshu, Shikoku et Kyushu ainsi que près de sept mille îlots.

日本は島国です。中国大陸と朝鮮半島の東側、太平洋の西端にあります。北海道、本州、四国、九州という4つの主要な島と、約7000の小さな島々からなる列島です。

Q Sous quelle latitude se trouve-t-il ?
緯度はどのくらいですか？

R Il se situe légèrement plus au sud que la France métropolitaine. Toutefois, c'est un pays très allongé, et la distance entre les deux extrémités nord et sud est de 3 000 km. Le nord du Japon et Bordeaux, le sud du Japon et le sud de l'Algérie sont à peu près à la même latitude.

フランス本土よりやや低いです。ただし日本はとても細長い国で、南北の距離は3000kmあります。緯度でいうと北はボルドー、南はアルジェリア南部にあたります。

Q Quelle est la superficie du Japon ?
日本の面積はどのくらいですか？

R La superficie du Japon est d'environ 380 000 km², ce qui représente les trois cinquièmes de celle de la France métropolitaine.

面積はおよそ38万km² で、フランス本土の5分の3ほどの大きさです。

Q. Comment est le relief ?
どんな地形ですか？

R. Le Japon est un pays très montagneux dont le plus haut sommet est le mont Fuji. Son altitude est de 3 776 m et c'est un volcan en activité. À part le mont Fuji, on compte 20 autres sommets à plus de 3 000 m d'altitude. Le territoire est constitué à 72 % de montagnes, dont de nombreux volcans, et de régions de collines. C'est un pays tout en relief.

日本は非常に山の多い国で、最高峰は富士山です。これは標高3776mの活火山です。富士山以外にも、3000mを超える山は20あります。国土の72％は多くの火山を含む山地や丘陵地です。非常に起伏に富んだ地形なのです。

Q. Alors les plaines ne constituent même pas 30 % du territoire…
それでは平地は3割に満たないのですね。

R. Tout à fait. C'est pour cette raison que l'on a aménagé de nombreux tunnels sur les routes et les voies ferrées. Les terres agricoles ne représentent que 14 % de la surface du territoire. Néanmoins, 67 % du pays sont couverts de forêts et de bois ; la nature y est abondante.

そのとおりです。そのため道路や鉄道にはトンネルがたくさんあります。農業に使える土地も、国土の14％にすぎません。とはいえ、森林が67％を占めていて、緑は豊かです。

2 Le climat

気 候

Q Quel est le climat au Japon ?
日本はどのような気候ですか？

R La quasi-totalité du territoire fait partie de la zone de climat tempéré. Cependant, comme l'archipel est très étendu en latitude, si l'on considère la température moyenne annuelle, elle varie de 6 °C pour Hokkaido à 22 °C pour Okinawa, en passant par 16 °C pour Tokyo. Le climat ne dépend pas seulement de la latitude : il varie aussi selon le relief ou l'influence de la mer. Par exemple, en hiver, les précipitations de pluie et surtout de neige sont très fortes sur les côtes de la mer du Japon. Dans ces régions, les chutes de neige peuvent atteindre 5 m tandis qu'en cette saison, le climat des côtes de l'océan Pacifique est caractérisé par un ciel dégagé.

　国土のほとんどは温帯に属しています。ただし日本列島は南北に長いため、年間平均気温を見ても、北海道ではおよそ6℃、東京では16℃、沖縄では22℃と大きく異なります。気候は緯度ばかりでなく、地形や海との位置関係にも左右されます。たとえば日本海側は冬の降水量が多く、とくに雪がたくさん降ります。この地域で積雪量が5m近くになるのに対し、太平洋側では冬に晴天が続くのが特徴です。

Q Les précipitations sont-elles fortes ?
降水量は多いですか？

R Oui. Même à Tokyo, où le climat est sec l'hiver, le taux annuel de pluviosité est le double de celui de Paris. Il y a aussi la saison des pluies, *tsuyu*, en juin-juillet, et chaque année, principalement en août et en septembre, le Japon est assailli par les typhons. Dès qu'ils atteignent les côtes, les fortes pluies et les vents violents peuvent causer de grands dégâts. Ces dernières années, des pluies diluviennes localisées se produisent souvent provoquant en peu de temps de graves inondations.

　はい。冬に晴天の続く東京でも、年間の降水量はパリの2倍を超えます。6、7月には梅雨という雨季がありますし、毎年8月から9月を中心に、台風が日本に接近します。いったん台風が上陸すると、激しい雨と暴風によってきわめて大きな被害が出ることがあります。また近年は、かなり狭い地域を突如、大雨がおそって洪水をもたらす集中豪雨が頻繁に起きています。

Ⓠ Les quatre saisons sont-elles très distinctes ?
四季ははっきり分かれていますか？

Ⓡ Oui, elles sont bien marquées. Les Japonais sont très sensibles aux changements de saison. Au printemps, la floraison des cerisiers dans chaque région devient un point capital des prévisions météorologiques, et on va pique-niquer sous les cerisiers en fleur. Aux environs de mi-juillet, lorsque la saison des pluies (*tsuyu*) s'achève, les cigales commencent à chanter pour annoncer l'été. Il n'est pas rare que la chaleur et l'humidité persistent la nuit. L'automne, avec la fraîcheur qui revient et l'humidité qui diminue, est souvent assimilé à « la saison des beaux-arts », « la saison du sport » ou encore « la saison de l'appétit ». On sort pour aller admirer les *momiji*, les érables et tous les arbres qui ont pris les couleurs de l'automne. Au fur et à mesure que le froid s'installe, on apprécie de se réunir autour du *nabe*, un plat bien chaud cuit à table.

　はい、はっきりしています。日本人は季節の変化に敏感です。春には各地の桜の開花日が天気予報で大きな話題になり、満開の桜の下で花見をします。7月半ば頃に梅雨が終わると、蝉が鳴きはじめて夏も本番で

す。夜中まで蒸し暑さが続く日も珍しくありません。秋には涼しくなって湿度も下がり、「芸術の秋」、「スポーツの秋」、「食欲の秋」などといわれます。楓などの木々の色づいた葉を楽しむ紅葉狩りにも出かけます。寒くなると鍋料理を囲む楽しみが待っています。

3. La population et la ville
人口と大都市

Q. Quelle est la population du Japon ?
日本の人口はどのくらいですか？

R. Selon une estimation de 2011, il y avait 127 800 000 personnes résidant au Japon, dont 2 080 000 étrangers enregistrés. La population japonaise occupait le 10ᵉ rang de la population mondiale. Toutefois, elle a tendance à diminuer, si bien qu'en 2025 il est prévu qu'elle se retrouve au 12ᵉ rang, puis en 2050 au 16ᵉ rang.

2011年の推計では、登録外国人208万人を含めて1億2780万人です。この時点で日本の人口は世界10位でした。ただし日本の人口は減少傾向にあり、2025年には12位、2050年には16位になると予想されています。

Q. Sa population est donc deux fois plus nombreuse que celle de la France ?
それでは人口はフランスのほぼ2倍なのですね？

R. Oui. Le territoire japonais étant moins étendu que celui de la France, la densité globale de la population japonaise est trois fois supérieure à celle de la France. Et la population est concentrée sur 30 % du territoire. Selon une statistique de 2010, à Tokyo, où la densité de population est la plus élevée, il y avait 5 764 habitants par km^2, tandis qu'à Hokkaido, où elle est la moins élevée, il n'y avait guère que 66 habitants par km^2.

はい。国土はフランスより狭く、日本の人口密度はフランスの約3倍です。そして人口は国土の3割に集中しています。2010年の統計によると、もっとも人口密度の高い東京は1km^{2}あたり5764人、もっとも低い北海道は66人と、大きな開きがあります。

Q Quelle est la taille de la capitale ?
首都はどのくらいの大きさですか？

R La surface de la préfecture de Tokyo, dans sa totalité, est de 2 200 km², les 23 arrondissements s'étendant sur 620 km². Sachez que le « cœur de la ville », espace délimité par la ligne circulaire Yamanote de Japan Railways, contient la totalité de Paris intra-muros.

東京都全体では2200km²、23区が620km²です。「都心」にあたるJR山手線環内に、パリ市全体がおさまるくらいと考えてください。

Q Y a-t-il beaucoup de grandes villes ?
大都市はたくさんありますか？

R Au Japon, depuis la fin des années 1990, se poursuit la promotion de la décentralisation, appuyée sur la fusion des communes. En dix ans, le nombre de collectivités locales a diminué de près de moitié. En conséquence, le nombre de villes qui comptent plus d'un million d'habitants a augmenté. Parmi ces dernières, la ville de Tokyo (les 23 arrondissements) est passée à plus de 8 400 000 habitants, suivie par Yokohama qui compte 3 600 000 habitants, Osaka qui en compte 2 500 000, et Nagoya avec 2 000 000. D'autres villes ont dépassé le million d'habitants, comme Sapporo, Kobe, Kyoto, Fukuoka, Kawasaki, Saitama, Hiroshima et Sendai, par ordre décroissant en nombre d'habitants.

日本では1990年代末から地方分権をめざして市町村合併が進み、10年間で自治体の数はほぼ半減しました。その結果として、人口が100万人を超える都市の数が増えています。なかでも東京23区の人口は840万人で突出しており、それに360万人の横浜、250万人の大阪、200万人の名古屋が続きます。その他の100万都市としては、人口の多い順に札幌、神戸、京都、福岡、川崎、さいたま、広島、仙台があります。

Q Peut-on alors parler de surconcentration de population ?

それでは人口集中が起きているといえますね？

R Oui, pourtant, même ces villes-là commencent à être touchées par la baisse de la natalité et le vieillissement de la population. 30 % de la totalité de la population est concentrée dans la capitale et sa périphérie. Les personnes qui viennent s'installer dans les préfectures de Tokyo ou de Kanagawa, où se trouvent des villes comme Yokohama et Kawasaki, sont toujours plus nombreuses. En revanche, les autres préfectures avoisinantes et la banlieue de Tokyo voient leur population diminuer, car le transport jusqu'au centre de la capitale prend un temps considérable.

はい、でも、これらの都市圏にも少子高齢化の影響が出はじめています。首都圏には全人口の3割が集まっています。東京都や、横浜や川崎のある神奈川県では大幅な転入増加が続いているのです。一方で、それ以外の県や東京の郊外では、都心への通勤に時間がかかることから人口減少も見られます。

第2章
飲食

L'alimentation

4 Les repas
食　事

Q Quel est le repas le plus important de la journée ?
一日のうちでもっとも大切にされるのはどの食事ですか？

R C'est le repas du soir. Dans beaucoup de familles c'est le seul moment de la journée où tout le monde puisse se réunir.

夕食です。多くの家庭では家族全員が顔を合わせる唯一のチャンスです。

Q Qu'est-ce qu'on mange au dîner ?
夕食には何を食べるのですか？

R On mange en général un plat principal de viande ou de poisson, quelques petits plats à base de légumes, un bol de soupe, du riz nature. On dit qu'un repas sain consiste en une soupe et trois plats accompagnant le riz.

夕食には普通、肉か魚の主菜、野菜を使った副菜、汁物、ご飯を食べます。一汁三菜が健康によいといわれています。

Q Est-ce qu'on boit de l'alcool ?
お酒は飲みますか？

R Oui, ceux qui aiment l'alcool en prennent avant ou pendant le dîner : de la bière, du *sake*, lu *shochu* (l'alcool d'orge, de patate douce, etc.) ou du vin.

はい。お酒の好きな人は食事の前に、あるいは食事をしながら、ビール、日本酒、焼酎（大麦やサツマイモを原料とする蒸留酒）やワインを飲みます。

Q Comment est le déjeuner ?
昼食はどうですか？

R
Le déjeuner, plus léger que le dîner, est un repas rapide. Certains apportent au travail leur *bento* (déjeuner préparé à la maison et présenté dans une petite boîte). D'autres vont à la cantine ou au restaurant pour un repas simple : un plat du jour, des nouilles, un *donburi* (grand bol de riz avec de la viande et des légumes par-dessus), du riz au curry, souvent un plat de fast-food comme un hamburger. Certains vont dans une supérette pour acheter des *onigiri* (boules de riz farcies), des sandwiches ou un *bento*.

昼食は夕食よりも軽く、短時間ですませます。職場に手作りの弁当（家で作って小さな箱につめた昼食）を持っていく人もいます。そうでなければ社員食堂やレストランに行って簡単な食事をします。定食のほか、麺類、丼もの（大きな器に入れたご飯に肉や野菜をのせたもの）、カレーライスや、ハンバーガーなどのファストフードもよく食べます。コンビニでおにぎり（具を入れて丸めたご飯）、サンドイッチ、弁当を買う人もいます。

Q Qu'est-ce qu'on prend au petit déjeuner ?
朝食には何を食べますか？

R
Le petit déjeuner traditionnel consiste en un bol de soupe au *miso*, un œuf, du poisson, du *nori* (feuille d'algue séchée), des *tsukemono* (légumes en saumure) et du riz accompagnés de thé vert. Aujourd'hui, beaucoup de gens préfèrent un petit déjeuner à l'occidentale : du café ou du thé avec par exemple des toasts, des céréales, des œufs, du yaourt ou des fruits.

伝統的な日本の朝食は、みそ汁、卵、魚、のり（紙状にして乾燥させた海藻）、漬物（野菜の塩づけ）、ご飯そしてお茶という献立です。今日ではコーヒーか紅茶に、トーストやシリアル、そして卵、ヨーグルト、果物などを添えた洋風のメニューを選ぶ人も多くなっています。

◇ **Les habitudes alimentaires sont en train de changer.**

食生活は変わってきているのですね。

® Oui, et les conséquences ne sont pas toujours positives. Il y a des enfants qui ne prennent pas de petit déjeuner, des jeunes qui font des régimes trop poussés. Et aujourd'hui, comme les membres de la famille rentrent à des heures différentes, ils dînent souvent séparément. Il arrive même qu'un enfant mange tout seul. Vu ces phénomènes, on encourage « l'éducation alimentaire » pour apprendre aux enfants l'importance des repas sains et équilibrés, et de la table autour de laquelle toute la famille se réunit.

　はい、そしてその結果、いろいろな問題も出ています。朝食を食べない子供や行きすぎたダイエットをする若者などが増えています。また最近は帰宅時間がまちまちなので、家族がばらばらに夕食をとるのも珍しいことではありません。子供がたったひとりで食事をすることもあります。このような状況ですから、バランスのとれた健康的な食事や、家族と囲む食事の重要性を子供たちに教えるための「食育」が推進されています。

5. Les baguettes
箸（はし）

Q: Est-ce qu'on mange toujours avec des baguettes ?
食事にはいつも箸を使うのですか？

R: Toujours, s'il s'agit d'un repas japonais ou chinois. En famille, presque à tous les repas. Il arrive même qu'on utilise des baguettes, *hashi*, pour un repas européen en même temps qu'un couteau et une fourchette.

和風、中華風の食事ではかならず使います。家庭ではほとんど毎食使うといっていいでしょう。西洋風の食事をするときでさえ、ナイフ、フォークに加えて箸を使うことがあります。

Q: Tous les Japonais savent-ils manipuler les baguettes ?
日本人なら誰でも箸が使えますか？

R: Oui, les enfants les maîtrisent dès l'âge de 5 ou 6 ans. Elles sont en effet très pratiques pour manger des nouilles ou pour enlever des arêtes. Elles sont aussi indispensables pour faire la cuisine.

はい。子供も5～6歳になれば、もう使いこなせます。箸は麺類を食べるときや、魚の骨をとるときにとても便利です。料理をするときにも欠かせません。

Q: Mais, comment manger de la viande sans couteau ?
でも、ナイフを使わずにどうやって肉を食べるのですか？

R: N'imaginez pas qu'on mange un steak en utilisant seulement des baguettes. Dans la cuisine japonaise, tout est coupé préalablement. La viande est préparée en fines tranches, ou coupée en morceaux juste avant d'être servie.

ステーキを箸だけで食べるなんて想像はしないでくださいね。日本料理ではあらゆるものが前もって切ってあります。肉は薄切りにして料理したり、食卓に出す直前に小さく切ったりします。

Ⓠ Les baguettes japonaises sont différentes de celles qu'on voit dans des restaurants chinois, n'est-ce pas ?
日本の箸は中華料理店で見るものとは異なりますよね？

Ⓡ Oui. On les place horizontalement devant les assiettes. Elles sont plus courtes que les baguettes chinoises et leur extrémité est pointue. Le plus souvent elles sont en bois et laquées. Dans la famille, chacun a sa propre paire de baguettes, de couleur et de taille différentes selon les goûts. Dans les restaurants ou pour les invités, les baguettes en bois naturel ou en bambou, les *waribashi*, sont présentées dans une pochette de papier, et sont jetées après usage. Certains trouvent que c'est du gaspillage de bois et proposent que chacun porte avec soi ses propres baguettes.

はい。日本では箸を皿の前に横向きに置きます。中国の箸よりも短く、先はとがっています。日本のはたいてい木製で漆が塗ってあります。家庭ではひとりひとりが好みの色や長さの箸を持っています。レストランや来客用には、紙袋に入った白木や竹の割り箸があります。使い捨ての割り箸はもったいないということで、自分専用の箸を持ち歩くことも提唱されています。

6. Le riz

米

Q. Mangez-vous beaucoup de riz ?
米はたくさん食べますか？

R. Oui. Bien que les habitudes alimentaires aient changé et qu'on en mange moins qu'autrefois, le riz reste la nourriture de base des Japonais ; ce que montre bien le mot *gohan* signifiant à la fois riz et repas. Selon les statistiques de 2010, une famille de plus de deux personnes achetait en moyenne 83 kg de riz par an.

　はい。食習慣が変わって昔ほど米を食べなくなったとはいえ、米は日本人の主食です。これは「ご飯」という言葉が、米食と食事の両方を示すことによく表れています。2010年の統計によると、2人以上の世帯は年間に平均83kgの米を購入していました。

Q. Comment prépare-t-on le riz ?
米はどうやって調理するのですか？

R. La plupart des familles possèdent un autocuiseur à riz électrique. Il suffit de bien laver le riz, d'ajouter une quantité précise d'eau et de brancher l'appareil pour obtenir un bon riz tout chaud une demi-heure ou trois quarts d'heure plus tard. On peut préparer d'autres plats en attendant.

　ほとんどの家庭に電気の自動炊飯器があります。米を研ぎ、適量の水を加え、スイッチを入れるだけで30分から45分もすれば、ほかほかのご飯が出来上がります。そのあいだにほかの料理を作ることができます。

Q Est-ce qu'on mange du riz au restaurant ?
レストランでも米を食べますか？

R Oui. Dans beaucoup de restaurants, quand on commande un plat européen, on a le choix entre du pain ou du riz servi sur une assiette et appelé *raisu* (rice) .

はい。多くのレストランでは西洋料理を注文するとパンかご飯かを選ぶようにいわれます。その場合は平らな皿に盛りつけられて「ライス」と呼ばれます。

Q Mangez-vous toujours du riz nature?
いつも白いご飯を食べるのですか？

R Le plus souvent, oui. On mange en alternant un peu de riz blanc et un peu d'autres plats. On aime aussi les plats à base de riz et d'autres produits : du riz cuit avec des légumes ou de la viande, du riz cantonais, du riz au curry, ou un *donburi*.

たいていはそうです。おかずと交互に白いご飯を食べます。野菜や肉などの炊き込みご飯、チャーハン、カレーライス、丼ものなど、ご飯と副菜を合わせた料理も人気があります。

Q Il n'est pas facile de manger du riz avec des baguettes...
箸でご飯を食べるのは簡単じゃないでしょうね。

R Si, même les enfants y arrivent. Le riz cuit à la japonaise est légèrement collant. En plus, il est généralement servi dans un bol que l'on tient près de la bouche.

そんなことはありません、子供も箸で食べていますよ。日本式に炊いたご飯にはやや粘り気があるのです。それに普通は茶碗に盛り、その茶碗を口の近くまで持っていきます。

7 La viande

肉

Q Mangez-vous beaucoup de viande ?
肉はたくさん食べますか？

R Non, beaucoup moins que les Français. Selon une statistique de 2010, la consommation moyenne annuelle par personne était de 5,9 kg de bœuf, 11,5 kg de porc et 11,0 kg de poulet. D'ailleurs, dans les magasins japonais, le prix de la viande est indiqué par unité de 100 g.

いいえ、フランス人とくらべるとずっと少ないです。2010年度の統計によると、日本人ひとりあたりの年間の牛肉消費量は5.9kg、豚肉11.5kg、鶏肉11.0kgです。ちなみに日本の店では、肉類の値段は100グラム単位で表示されています。

Q Les Japonais n'aiment pas la viande ?
日本人は肉が好きでないのですか？

R Si, mais on mange autant de poisson que de viande. Les Japonais n'avaient pas l'habitude de manger de la viande avant l'ère Meiji. Cela est lié au fait que le bouddhisme interdisait de tuer les animaux à quatre pattes. De plus, avant la libéralisation des importations, la viande était chère, surtout le bœuf. Aujourd'hui, la concurrence et les importations aidant, la viande est devenue meilleur marché.

いえ、好きですが、肉と同じくらい魚を消費しているのです。明治以前の日本には肉を食べる習慣がありませんでした。それは、4つ足動物の殺生は仏教で禁じられていたことと関係があります。また輸入が自由化されるまでは、とくに牛肉は高価でした。今日では競争や輸入も手伝って、肉は前より安くなっています。

◇ On dit que le bœuf japonais est très bon.
日本産の牛肉はとてもおいしいそうですね。

R Oui. Il y a des marques locales de bœuf dans différentes régions qui ont chacune une méthode particulière d'élevage. Par rapport au bœuf importé, la viande japonaise est plus tendre, souvent persillée et censée être plus sûre aussi, mais le prix est assez élevé. Des marques locales produisent aussi du porc et du poulet excellents.

はい。特別な方法で飼育された地元ブランドの牛肉が全国にあります。輸入牛と比較すると柔らかくて霜降りのものが多く、安全性も高いとされていますが、かなり高価です。牛肉にかぎらず、豚や鶏についても各地においしい銘柄があります。

◇ Comment préparez-vous la viande ?
日本ではどのようにして肉を食べますか？

R En général, on l'achète en très fines tranches, hachée ou en petit bloc. Le plus souvent, on fait sauter les tranches à la poêle, on les grille ou on les fait cuire dans de la sauce de soja avec un peu de sucre et du *sake*, on les fait bouillir pour les manger avec des sauces à base de soja, sésame, etc., par exemple. On fait souvent frire le poulet en morceaux. Les plats de viande hachée, bœuf, porc ou poulet, sont très appréciés.

たいていは薄切りやひき肉や小さなかたまりを買ってきます。フライパンで炒める、網焼きにする、しょうゆ、砂糖少々、酒を加えて煮る、あるいは熱湯にくぐらせ、しょうゆやゴマなどをベースにしたたれをつける、などが多いです。鶏は揚げることもよくあります。牛、豚、鶏のひき肉料理もとても人気があります。

8. Le poisson

魚

Q Vous mangez souvent du poisson cru. Est-ce que vous le mangez toujours en *sushi* ?

日本人は生の魚をよく食べますね。いつも寿司で食べるのですか？

R Pas toujours. On le mange plus souvent en *sashimi*. C'est un plat composé de filets de poisson extrêmement frais coupés en tranches.

そうとはかぎりません。刺身のほうがむしろ多いでしょう。刺身というのは、非常に新鮮な魚をおろして薄切りにした料理です。

Q Comment mange-t-on le *sashimi* ?

刺身はどのようにして食べますか？

R Le *sashimi* n'est pas servi assaisonné. On met dans une petite assiette de la sauce de soja et du *wasabi*, ou du gingembre râpé. On y trempe rapidement chaque tranche juste avant de la manger. C'est une manière raffinée de déguster le poisson. Presque tous les poissons et les fruits de mer peuvent se manger crus quand ils sont très frais.

刺身には味つけがしてありません。小皿にしょうゆとわさび、場合によってはおろし生姜を入れ、ひと切れずつちょっとつけて食べるのです。これはきわめて洗練された魚の味わい方です。ほとんどの魚介類は、非常に新鮮ならば生で食べられます。

Q Et les *sushi* ?

寿司はどうですか？

R Le *nigirizushi*, *nigiri* ou *sushi* est une petite boule de riz vinaigré sur laquelle on pose une tranche de poisson cru ou de fruit de mer frais, avec un peu de *wasabi* râpé. Une bonne méthode pour manger un *sushi* : on trempe rapidement dans la sauce de soja le côté poisson et non le côté riz, puis on met dans la bouche le *sushi* entier à l'envers. De cette façon, on ne risque pas de faire tomber en morceaux son *sushi* et c'est bien meilleur. On prend d'ailleurs le *sushi* avec les doigts.

酢飯に、わさび少々を添えた生魚や貝をのせて握ったものを「にぎり寿司」、「にぎり」、あるいは「寿司」といいます。ご飯でなく魚の側を下にし、しょうゆにちょっとつけてまるごと口に入れると、くずれず、おいしく食べられます。寿司は指でつまんで食べるのが普通です。

Q Où mange-t-on des *sushi* ?
寿司はどこで食べられますか？

R Il y a dans tous les quartiers des restaurants de *sushi*, qui servent aussi à domicile. Les restaurants où les cuisiniers les préparent devant les clients sont souvent assez chers. Les *kaitenzushi* sont beaucoup plus abordables. Les clients s'installent devant un tapis roulant sur lequel circulent des assiettes de *sushi* divers et chacun se sert de ce qu'il veut.

どこの町にも寿司屋があり、出前もしてくれます。目の前で職人が寿司を握ってくれる店には高いところが少なくありません。それよりずっと手ごろな値段の回転寿司もあります。ベルトコンベアーの上を回っている寿司の皿を客が選びとって食べる形式です。

Q Est-ce vrai que vous mangez du poisson toxique ?
毒のある魚を食べるというのは本当ですか？

R Oui, vous voulez parler du poisson-globe, le *fugu*. Son foie et ses ovaires contiennent certes un poison mortel, mais sa chair est excellente et très recherchée. Seuls les cuisiniers ayant une licence spéciale ont le droit de préparer ce poisson.

はい、ふぐのことですね。肝臓と卵巣にはたしかに猛毒が含まれていますが、身はたいへん美味で珍重されています。この魚は特別の免許をもった料理人しか調理することができません。

Q **Comment préparez-vous autrement le poisson ?**
魚はほかにどんな食べ方をしますか？

R On le grille, on le fait cuire dans de la sauce de soja, du sucre et du *sake* avec par exemple du gingembre ou bien on le fait frire. On mange souvent du poisson séché et grillé. Le *katsuobushi* (bonite séchée) est utilisé râpé pour le bouillon. Les Japonais sont de grands consommateurs de poisson, et le poisson vendu est très frais et d'une très grande variété. Selon les statistiques de 2007, un Japonais consommait 171 g de poisson par jour, presque deux fois plus qu'un Français.

網で焼いたり、しょうゆ、砂糖、酒に生姜などを入れて煮たり、揚げものにしたりします。干物を焼いて食べることも多いです。鰹節（干した鰹）は削ってだしをとるのに使います。日本人は魚をたくさん食べますから、売られている魚はとても新鮮で、種類も非常に豊富です。2007年の統計によると、日本人ひとり１日あたりの魚介消費量は171gで、フランス人の２倍近い量でした。

9. Les boissons

飲みもの

Q. L'eau du robinet est-elle potable ?
水道の水は飲めますか？

R. Oui, elle est partout potable. L'eau du robinet est assez bonne et au café ou au restaurant, sans avoir à en demander, un verre d'eau glacée gratuit est servi dès qu'on s'assoit. On utilise pourtant de plus en plus les filtres pour enlever les odeurs et les impuretés.

はい、どこでも飲めます。水道水はけっこうおいしいですし、喫茶店やレストランでは、頼まなくても、座ったとたんに無料で冷たい水を持ってきてくれます。とはいえ最近は、匂いや不純物を取りのぞくために浄水器を使う人が増えています。

Q. Est-ce qu'on boit de l'eau minérale ?
ミネラルウォーターは飲みますか？

R. Elle est assez répandue. Par exemple, il est courant de porter dans son sac une bouteille d'eau minérale achetée dans un distributeur automatique ou dans une supérette. Les eaux minérales japonaises sont douces, contenant peu de minéraux, ce qui convient bien à la préparation des plats et du thé japonais. On importe des eaux minérales étrangères ; les marques françaises sont très appréciées.

かなり普及しています。たとえば、自動販売機やコンビニでミネラルウォーターを買って持ち歩くことがよくあります。日本のミネラルウォーターは、ミネラル分の低い軟水で、日本食や日本茶をおいしくするのにも適しています。外国のミネラルウォーターも輸入され、フランスのものもよく飲まれています。

Q: Il y a vraiment beaucoup de distributeurs automatiques.

飲みものの自動販売機がとても多いですね。

R: En effet. On y trouve des boissons diverses : du thé, du café, parfois chauds, de l'eau, des jus de fruit, ou des boissons énergétiques. Il y a surtout une grande variété de thés : thé vert, thé anglais, thé chinois, etc. Comme beaucoup de gens font attention à leur santé, les boissons non sucrées se vendent bien.

たしかにそうです。冷たい、あるいは温かいお茶やコーヒー、水、ジュース、スポーツ飲料など、さまざまな種類のものが売られています。とくにお茶は日本茶、紅茶、中国茶など種類も豊富です。健康志向が高まって、甘味のない飲みものがよく売れているようです。

Q: C'est le thé japonais qu'on boit le plus ?

一番よく飲む飲みものは日本茶ですか？

R: Oui, le thé japonais est enraciné dans la vie des Japonais. On boit souvent du thé vert, du thé torréfié ou du thé au riz complet. Avant, chez un particulier comme dans un bureau ou parfois même dans un magasin, une femme interrompait son travail pour servir du thé dès que quelqu'un arrivait. Cette coutume est en train de disparaître. Pourtant on connaît les effets bénéfiques du thé vert sur à la santé. Les jeunes aussi boivent volontiers du thé vert surtout depuis le grand succès du thé glacé en bouteille plastique.

はい、日本茶は暮らしに根づいています。緑茶、ほうじ茶、玄米茶などをよく飲みます。以前は個人の家だけでなく、オフィス、ときには店などでも、だれかが来るとすぐに女性が仕事を中断してお茶を出したものです。この習慣はなくなりつつあります。とはいえ、緑茶は健康に良いことで注目されています。とくにペットボトルの冷たいお茶がヒットして以来、若い人たちも緑茶をよく飲むようになっています。

⟨Q⟩ Le café est-il aussi est apprécié ?
コーヒーも好きですか？

⟨R⟩ Oui, le café est une boisson tout à fait courante. Le café ici n'est pas aussi torréfié qu'en France, il est par conséquent moins fort et, dans les cafés, toujours servi dans une plus grande tasse avec du sucre et un petit pot de crème. Les chaînes de cafés sont à la mode, offrant une grande variété de cafés.

　はい、コーヒーも非常に日常的な飲みものです。日本のコーヒーはフランスのものほど焙煎が強くないので味は軽く、喫茶店ではフランスのよりも大きめのカップに入れて出され、砂糖と小さなピッチャーに入ったクリームが添えられます。さまざまな種類のコーヒーをそろえたチェーン店も人気があります。

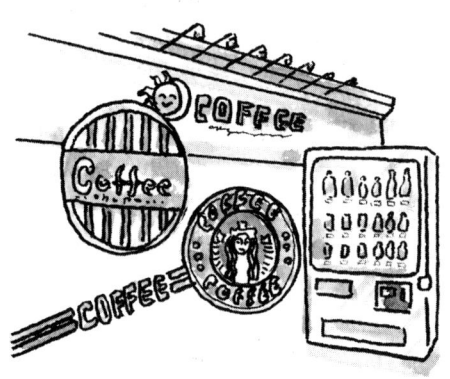

10 Les boissons alcoolisées
酒

Q: Est-ce que les Japonais aiment boire ?
日本人はお酒を飲むのが好きですか？

R: Oui. Il n'est pas dans nos habitudes de prendre des boissons alcoolisées à tous les repas, cependant quand il y a un événement heureux ou une fête, on sert toujours de l'alcool. Selon une enquête faite en 2003, 75 % des hommes et 26 % des femmes de plus de 20 ans buvaient plus d'une fois par semaine. Mais, à vrai dire, 44 % des Japonais ne supportent pas l'alcool. Les boissons alcoolisées sont interdites aux moins de 20 ans.

はい。毎回の食事に酒を飲む習慣はありませんが、祝いごとやさまざまなパーティにアルコール類はつきものです。2003年の調査によると、週に1回以上お酒を飲む人は成人男性では75％、成人女性では26％でした。でも実は、日本人の44％はお酒が飲めない体質だそうです。なお20歳未満の飲酒は法律で禁止されています。

Q: Quelle est la boisson alcoolisée la plus courante au Japon ?
日本でもっとも日常的に飲まれているお酒は何ですか？

R: C'est la bière. Surtout en été, on boit beaucoup de bière et d'autres boissons semblables mais moins chères, contenant moins de malt. Pourtant on n'en fait pas une si grande consommation. En 2009, le Japon était le 50e pays du monde pour la consommation annuelle de bière (et d'autres boissons semblables) avec 30,2 litres par personne alors que le chiffre était de 142,3 litres pour le premier pays consommateur, la République tchèque.

ビールです。とくに夏はビールや、ビールより麦芽比率が低く、安い発泡酒等が人気があります。ですが消費量はそれほど多くありません。2009年にはビール（発泡酒等を含む）のひとりあたりの年間消費量は世界1位のチェコで142.3リットルだったのに対し、日本は30.2リットル、世界で50位でした。

Q Parlez-moi un peu du *nihonshu*.
日本酒について教えてください。

R Le *nihonshu*, que vous appelez « saké » en français, est une boisson traditionnelle obtenue à partir de la fermentation du riz. Le *sake* est transparent, presque sans couleur, et son degré d'alcool est de 15 à 16 degrés. Il y en a des doux et des secs. La qualité du *sake* dépend de l'eau et du riz, mais il se conserve mal ; même un bon *sake* perd son arôme au bout de deux ans. La consommation du *sake* au Japon, comme celle de la bière, est en baisse. Par ailleurs le *shochu* marche bien. Le *shochu* est une eau-de-vie traditionnelle faite à partir de riz, d'orge, de patate douce, etc.

日本酒はフランス語でもサケと呼ばれていますが、米を醸造して作る伝統的な酒です。ほとんど無色透明でアルコール度は15～16度です。甘口と辛口があります。酒の質を左右するのは水と米ですが、酒は保存がきかず、よい酒も2年経つと味が落ちます。日本酒はビールと同様に国内消費量が減ってきています。一方、焼酎の消費は好調です。焼酎は米、大麦、さつまいもなどから作られる伝統的な蒸留酒です。

Q Et le vin ?
ワインはどうですか？

R Il y a de plus en plus d'amateurs de vin. 70 % des vins importés arrivent d'Europe occidentale, de France, d'Italie, d'Espagne. Les vins d'Australie, du Chili ou des États-Unis, moins chers, sont aussi bien appréciés ces dernières années. On en produit également au

Japon dans des régions comme Yamanashi, Nagano ou Hokkaido.

　ワインの愛好家は増えています。輸入ワインの70%はフランス、イタリア、スペインなど西ヨーロッパのものです。オーストラリア、チリ、アメリカなどの比較的安いワインも近年人気があります。国内でも山梨、長野、北海道などで生産されています。

11 Les fruits

果 物

Q Quels sont les fruits courants au Japon ?
日本にはどんな果物がありますか？

R On produit une assez grande variété de fruits. En été, on a des nèfles, des prunes, des pêches, des melons, des pastèques, etc. En automne, il y a du raisin, des *nashi* (une espèce de poire) et des *kaki*. Les pommes, les *mikan* (une sorte de mandarine) et d'autres agrumes sont abondants en hiver. On trouve des fraises bien avant l'arrivée du printemps et jusqu'en juin,

かなり多様な果物が作られています。夏にはびわ、すもも、桃、メロン、すいかなど。秋にはぶどうや梨、柿。冬にはりんごや、みかんをはじめとする柑橘類が豊富です。そして春の訪れよりずっと早くから6月まで、いちごが出まわります。

Q Est-ce que vous importez des fruits ?
輸入ものもありますか？

R On importe des oranges, des pamplemousses et des fruits tropicaux comme les bananes, les ananas ou les mangues. Certains fruits tropicaux sont produits dans les régions d'Okinawa ou de Miyazaki.

オレンジ、グレープフルーツのほか、バナナ、パイナップル、マンゴーなどのトロピカルフルーツが輸入されています。トロピカルフルーツには沖縄や宮崎で作っているものもあります。

Q Utilisez-vous des fruits pour les pâtisseries japonaises ?

果物は和菓子にも使いますか？

R On en utilise rarement pour les gâteaux traditionnels, sauf les châtaignes, les noix, les *kaki* ou les *ume* (prune acide). Mais il y a une tendance récente à utiliser d'autres fruits pour les pâtisseries japonaises.

伝統的な和菓子には、栗や胡桃、柿、梅（すっぱいプラム）くらいしか使いません。けれども最近は、和菓子にその他の果物を使う傾向も見られます。

Q On dit que les fruits sont chers au Japon.

日本では果物の値段が高いと聞きました。

R Cela dépend du fruit et de la saison. Les fraises, les *nashi*, les *mikan* et les pommes sont relativement bon marché pendant la saison. Les cerises, les melons « brodés » ou certaines espèces de raisin comme le muscat d'Alexandrie sont très chers. Ce sont des fruits de luxe, souvent offerts en cadeau.

果物の種類にも季節にもよります。いちご、梨、みかん、りんごなどは旬の時期には比較的安いです。さくらんぼ、マスクメロンやマスカット・オブ・アレキサンドリアなどはたいへん高価です。こうした果物は、贅沢品として贈りものに使われることもよくあります。

12 Le dessert
デザート

Q: Les Japonais ont-ils l'habitude de prendre un dessert ?

日本人にはデザートを食べる習慣がありますか？

R: Le dessert ne faisait pas partie du repas japonais traditionnel qui s'achevait avec une tasse de thé. Les Japonais prenaient des aliments sucrés en dehors des repas, surtout à l'heure du thé ou lorsqu'ils recevaient quelqu'un. Mais maintenant, on aime prendre un dessert. Beaucoup de restaurants japonais servent un dessert, souvent des fruits frais, coupés et épluchés, une glace ou un sorbet.

日本の伝統的な食事にはデザートがなく、食事のしめくくりはお茶でした。甘いものは食事とは別に、とくにお茶の時間や訪問客のあるときに食べていたのです。しかし最近ではデザートが定着しています。日本料理店でもデザートを出すようになりました。たいていは皮をむいて食べやすく切った果物やアイスクリーム、シャーベットなどです。

Q: Parlez-moi des pâtisseries japonaises.

和菓子について教えてください。

R: Les pâtisseries traditionnelles sont à base de haricot rouge, de farine de riz et de sucre. Il y a des gâteaux rustiques aussi bien que des pâtisseries raffinées à motifs divers, fleurs ou paysages de saison. Généralement, elles sont moins riches que les pâtisseries françaises.

伝統的な和菓子は、あずき、米の粉、砂糖が原料です。素朴なものも、季節の花や風景をかたどった洗練されたものもあります。全体的にフランス菓子よりあっさりしています。

⟨Q⟩ Les pâtisseries européennes sont nombreuses ?
　洋菓子の店は多いですか？

R Oui, il y en a de différents pays. La pâtisserie française est particulièrement appréciée. Il y a des pâtissiers français célèbres qui ont ouvert des succursales dans les grandes villes. Maintenant, le mot français « pâtissier » est bien ancré dans la langue japonaise. Beaucoup de jeunes pâtissiers vont en France pour se former, ce qui nous permet de manger de très bons gâteaux français. On aime aussi en faire chez soi.

　はい、いろいろな国のものがあります。フランス菓子はとくに人気で、大都市にはフランスの有名なお菓子屋さんがたくさん出店しています。今では、フランス語の「パティシエ」という言葉も日本語に定着しました。大勢の若いパティシエがフランスに留学するようになり、日本でもフランス仕込みのおいしいケーキを味わえます。家庭で洋菓子を手作りすることも好まれています。

13 La cuisine japonaise
日本料理

Q Quelles sont les caractéristiques de la cuisine japonaise ?

日本料理の特徴は何ですか？

R Premièrement, il faut servir des mets qui s'harmonisent avec la saison. Le choix des produits aussi bien que la manière de les préparer sont donc extrêmement importants. Deuxièmement, on cherche à mettre en valeur le goût naturel des produits ; le temps de cuisson est court et on n'utilise pas de sauce riche. Pour cela, tous les produits doivent être très frais. Une caractéristique de la cuisine japonaise est le fait de servir les mets dans des assiettes et de petits bols de couleurs différentes. On savoure les plats avec les yeux aussi.

まず、季節に合った料理を出すことです。そのためには食材と料理法の選択が非常に大切です。つぎに、素材の自然の味を生かそうとすることです。火を通す時間は短く、こってりしたソースは使いません。ですから食材すべてが新鮮でなくてはなりません。また、色とりどりの皿小鉢に料理を盛るのも特徴のひとつです。日本料理は目で味わうものでもあるのです。

Q Quels sont les assaisonnements ?

調味料にはどういうものがありますか？

R Les assaisonnements de base sont la sauce de soja, *shoyu*, le sel, le vinaigre, le *sake* et le *miso*. Le *miso*, indispensable comme le *shoyu*, est une pâte marron à base de soja fermenté au levain de blé ou de riz. Vous serez peut-être étonné mais on utlise aussi du sucre dans la cuisine.

基本的な調味料は、しょうゆ、塩、酢、酒、みそです。みそは、大豆に麦や米のこうじを加えて発酵させて作った褐色のペーストで、しょうゆとともに日本料理には欠かせません。驚かれるかもしれませんが、砂糖も使います。

Q Y a-t-il d'autres produits particuliers à la cuisine japonaise ?

ほかに日本料理特有の食材はありますか？

R Oui. On utilise beaucoup les algues, comme le *nori* ou le *konbu*, et les produits à base de soja comme le *tofu* (caillé de soja), le *miso*, le *shoyu,* etc. Le bouillon est à base de poisson séché, *katsuobushi*, de *konbu* ou de champignons séchés, etc.

はい。のり、昆布などの海草や豆腐（豆乳を凝固させたもの）、みそ、しょうゆなどの大豆製品をよく使います。だしは干し魚の鰹節、昆布、干ししいたけなどをベースにとります。

Q Utilisez-vous beaucoup les épices ?

香辛料はよく使いますか？

R Non, on n'utilise pas beaucoup les épices dans la préparation des mets japonais. C'est aussi pour ne pas gâcher le goût des produits frais. Mais on utilise parfois, à table, de la moutarde, du *wasabi* (raifort japonais) ou du gingembre râpés.

いいえ、日本料理を作るときには香辛料をあまり使いません。これも新鮮な素材の味をそこなわないための配慮です。けれども食卓では、からしとか、おろしたわさびや生姜を使うことがあります。

14 Les cuisines étrangères

外国料理

Q Les Japonais aiment-ils les cuisines d'autres pays ?
日本人は外国料理が好きですか？

R Oui. Les plats d'origine étrangère sont bien intégrés dans les repas quotidiens. Il n'est pas rare de servir au cours d'un seul repas un plat japonais, un plat chinois et un plat occidental.

はい。外国に起源をもつ料理を、とても柔軟に毎日の食事に取り入れています。食卓に日本料理、中華料理、西洋料理が一度に出されることも珍しくありません。

Q Quels sont les plats d'origine étrangère les plus courants ?
外国料理でもっとも浸透しているのはどんなものですか？

R Le riz au curry, le steak haché, les nouilles chinoises ou les pâtes italiennes sont très populaires. Ils sont même tellement intégrés à notre alimentation et adaptés à notre goût qu'on ne peut les appeler des plats étrangers.

カレーライス、ハンバーグ、ラーメン、パスタなどが非常にポピュラーです。あまりにも日本の食生活にとけこみ、日本人の好みに合わせて変化しているので、外国料理とは呼ぶことには違和感があるくらいです。

Q Y a-t-il beaucoup de restaurants étrangers ?
外国料理のレストランはたくさんありますか？

R Oui. On trouve partout des restaurants chinois de toutes catégories. Dans les grandes villes, on peut déguster des mets du monde entier à commencer par la cuisine française ou italienne. Ces temps-ci la cuisine coréenne et les cuisines « ethniques » d'autres pays sont très populaires.

はい。中華料理店はいたるところに、さまざまなランクのものがあります。大都市ではフランス料理、イタリア料理をはじめ、世界中の料理が味わえます。最近では韓国料理や、その他の国のいわゆるエスニック料理も、とても人気があります。

Q Peut-on trouver les produits nécessaires pour les cuisines étrangères ?
外国料理に必要な材料はそろいますか？

R Oui. On trouve beaucoup de produits importés dans les grands magasins ou dans des magasins spécialisés. Les produits et les épices de base pour les cuisines italienne ou chinoise s'achètent facilement dans les supermarchés.

はい。デパートや専門店に行けば輸入食品がたくさんあります。イタリア料理や中華料理の基本的な材料や香辛料などは、スーパーマーケットでも簡単に手に入ります。

15 La cuisine française
フランス料理

Q: Est-ce que les Japonais aiment la cuisine française ?
日本人はフランス料理が好きですか？

R: Oui, beaucoup. Mais on a depuis longtemps tendance à la réserver aux repas de luxe plutôt formels. C'est sans doute parce qu'elle a été introduite au Japon à la Restauration de Meiji comme cuisine de banquets d'honneur.

　はい、大好きです。けれども以前は、贅沢で格式ばった食事に出されるものと考える傾向がありました。それは明治維新とともに正餐のための料理として取り入れられたことによるのではないかと思います。

Q: On m'a dit qu'il y a beaucoup de restaurants français. C'est vrai ?
フランス料理のレストランがたくさんあると聞きました。本当ですか？

R: Oui, ils sont surtout nombreux dans les grandes villes, et on en trouve de très bons. Les chefs ont souvent fait leur apprentissage en France. Il faut parfois s'attendre à une addition relativement lourde car on fait venir de France les produits comme le foie gras, les viandes, les fromages ou les vins. Mais il y a de plus en plus de cafés-restaurants ou de brasseries plus décontractés qui attirent des clients de diverses catégories.

　はい、とくに大都市では数が多く、とてもおいしい店があります。多くの場合、シェフはフランスで修行をしてきた人です。かなり高額になる店もありますが、それはフォアグラ、肉類、チーズ、ワインなど、フランスから輸入された食材が多いからです。しかしカフェレストランやブラスリーといった気軽な店もでき、客層も広がっています。

Q Est-ce que les Japonais font chez eux la cuisine française ?

家庭でフランス料理を作ることはありますか？

R Oui. Il y a un goût de plus en plus affiné pour la cuisine française grâce à des recettes faciles à préparer, à des écoles et à des cours à la télévision. On trouve plus facilement qu'autrefois les produits nécessaires. Mais si on veut reproduire un repas tout à fait français tant pour la qualité que pour la quantité, cela revient très cher.

はい。簡単に作れるレシピ、料理学校やテレビの料理番組などのおかげでフランス料理を好んで作る人が増えています。必要な食材も、かなり簡単に手に入るようになっています。ただし質量ともにフランスと同じような食事を用意しようとすると、とても高くつきます。

Q Peut-on trouver du bon pain ?

おいしいパンはありますか？

R Oui, aujourd'hui dans beaucoup d'endroits, il y a des boulangeries qui font du vrai pain français.

はい、今ではたいていどこにでも、本格的なフランス風のパンを作るパン屋があります。

第3章
住まい

L'habitation

16 La maison japonaise
日本の家

Q Comment se présente la maison japonaise ?
日本の家はどんなですか？

R Une maison de style japonais traditionnel est en bois avec un toit couvert de tuiles gris foncé. Elle donne le plus souvent au sud.

伝統的な和風の家は木造で、屋根は黒っぽい瓦葺きです。たいてい南向きに建てられています。

Q Et à l'intérieur ?
内部はどうなっていますか？

R Les pièces de l'intérieur ne donnent pas directement sur l'extérieur : elles sont isolées par des *shoji* (portes d'intérieur tendues de papier semi-transparent) et donnent sur un passage qui s'ouvre sur le jardin par de grandes portes vitrées coulissantes. Les pièces sont cloisonnées par des *fusuma*, châssis coulissants en bois tendus de papier que l'on peut enlever facilement pour réunir deux pièces. La maison japonaise a ainsi une construction très bien aérée. Le sol des pièces est recouvert de *tatami*, que les Français commencent à connaître. Dans une pièce traditionnelle, il y a très peu de meubles : une table basse et une ou deux commodes.

中の部屋は直接外に通じてはいません。障子（光を通す紙を貼った内戸）をへだてて廊下があり、廊下の大きなガラスの引き戸を開けると庭です。部屋と部屋の間はふすまで仕切ってあります。ふすまは木の枠に紙を張った引き戸で、ふたつの部屋をつなげて使いたいときには簡単にとりはずせます。日本家屋はとても風通しのよい造りなのです。部屋の床には、フランスでも知られるようになった畳が敷きつめてあります。伝統的な部屋には家具はあまり置かず、低い座卓と箪笥くらいです。

◇Q◇ Les maisons sont-elles en général de style traditionnel ?
昔ながらの建て方の家が多いのですか？

R De nos jours, il y a peu de maisons purement japonaises. Pourtant, beaucoup de maisons et d'appartements, même occidentalisés, conservent une pièce à *tatami*.

現在では、純粋な日本家屋は少なくなりました。ですが西洋化された家やマンションでも、たいていひと部屋は畳の部屋があります。

◇Q◇ Y a-t-il de grands immeubles résidentiels ?
マンションはありますか？

R Oui, il y en a beaucoup, surtout dans les zones urbaines. Les tours résidentielles sont de plus en plus nombreuses. Les appartements sont constitués en général d'une à quatre pièces de styles occidental et japonais, d'une cuisine-salle à manger et d'une salle de bain.

はい、都市部を中心にたくさんあります。高層マンションも増えています。一般的なマンションの場合、洋室と和室が1〜4室に、ダイニングキッチン、そして浴室がついています。

17 L'habitude de se déchausser
靴を脱ぐ習慣

Q Faut-il toujours enlever ses chaussures pour entrer dans une maison japonaise ?

日本の家に上がるときには、いつも靴を脱がなければなりませんか？

R Oui, c'est impératif, même si la maison paraît être de style occidental. C'est une des habitudes les plus respectées de la tradition japonaise.

はい、家が洋風に見えても、かならず脱がなくてはなりません。これは日本の伝統のなかでも、もっともよく守られている習慣のひとつといえます。

Q Pourquoi enlevez-vous vos chaussures ?

なぜ靴を脱ぐのですか？

R Pour les Japonais, l'intérieur et l'extérieur sont deux espaces bien distincts ; les chaussures appartiennent à la vie de l'extérieur. Or la vie se déroule à portée du sol dans une maison japonaise. Il ne faut donc pas y introduire la saleté de l'extérieur. Autrefois, on s'asseyait, mangeait et dormait sur les *tatami*. La chose n'est plus aussi systématique de nos jours, mais la distinction intérieur-extérieur persiste.

日本人にとって内と外とは、はっきり区別された空間であり、靴は外の生活に属しています。日本の家では床が生活の場です。そのため室内に外の汚れを持ちこんではいけないのです。昔は座るのも食事をするのも寝るのも畳の上でした。習慣がだいぶ変わったとはいえ、内と外の区別はしっかり残っています。

Q Comment fait-on alors pour entrer dans la maison ?
それでは、家に入るときはどうしたらよいのですか？

R
On laisse ses chaussures à l'intérieur, juste à l'entrée, sur le carrelage. Et ensuite, on entre dans la zone où les chaussures sont interdites. En général, l'entrée est à un niveau plus bas que le reste de la maison mais les appartements récents ont tendance à éliminer les différences de niveau.

玄関扉の内側の、タイルや石の床で靴を脱ぎます。そこから先は、靴をはいていてはいけない領域です。普通は玄関より家の内部が高くなっていますが、最近のマンションには段差の少ないバリアフリーのものが増えています。

Q Est-ce que vous marchez pieds nus dans la maison ?
家のなかでははだしで歩くのですか？

R
Ça dépend de la famille et surtout de la partie de la maison où vous vous trouvez. En général, on met des pantoufles à l'entrée pour aller dans les couloirs et les pièces sans *tatami*. Quand on pénètre dans une pièce à *tatami*, il faut les enlever. Attention, dans beaucoup de familles, il y a des pantoufles réservées aux toilettes !

家によってちがいますし、家のどこにいるかによっても異なります。たいていは玄関でスリッパにはきかえますが、このスリッパは廊下や、畳のない部屋のためのものです。畳の部屋に入るとき、スリッパは脱ぎます。お手洗いには専用のスリッパが用意されている家が多いので、気をつけてくださいね！

18 Le *tatami*
畳（たたみ）

Q Pouvez-vous m'expliquer ce que c'est qu'un *tatami* ?
畳について説明してください。

R Les *tatami* recouvrent le sol des pièces traditionnelles. Ce sont des dalles souples, en paille serrée et cousue, couvertes d'une natte fine et bordées de tissu. Leurs dimensions sont d'environ 1,8 m x 0,9 m, mais cela varie selon les régions. Les *tatami* dans les immeubles résidentiels sont plus petits.

畳は、伝統的な部屋に敷き詰めます。藁をしっかり縫い合わせて作った弾力のある床材に薄いござをかぶせ、布で縁取りをしたものです。大きさはおよそ1.8m×0.9mですが、地域によって多少の差があります。集合住宅ではやや小さめの畳が使われます。

Q Comment doit-on se comporter dans une pièce traditionnelle à *tatami* ?
伝統的な畳の部屋では、どうふるまったらよいですか？

R Pour entrer dans la pièce, il faut d'abord laisser ses pantoufles sur le seuil, dans le couloir. Il y a une table basse au milieu de la pièce, entourée de *zabuton*, grands coussins carrés. Au fond de la pièce se trouve une alcôve, le *tokonoma*, ornée d'un bouquet, l'*ikebana* et d'une peinture ou d'une calligraphie sur rouleau, un *kakejiku*. Il faut attendre que votre hôte vous indique votre place pour vous asseoir. Et avant de se mettre sur le *zabuton*, on doit encore s'incliner très bas sur le *tatami*, même si on s'est déjà salués dans le vestibule. Cette formalité accomplie, on s'assoit les jambes pliées et le corps reposant sur les talons.

部屋に入る前に、廊下でスリッパを脱ぎます。部屋の真ん中には低い卓があり、まわりに座布団という、大きな正方形のクッションが並べてあります。部屋の奥には生花や掛け軸で飾った床の間があります。主人が座る場所を指示するのを待ってください。そして座布団に座る前に、畳の上で、深々とお辞儀をします。玄関ですでに挨拶をしていてもです。それが済んだら正座します。

Q Cette position n'est-elle pas inconfortable ?
その姿勢は窮屈ではありませんか？

R Si, sauf si on y est habitué. La plupart du temps, on vous proposera de vous asseoir à votre aise au bout de quelques minutes.

窮屈です、慣れていれば別ですが。たいていは、数分経つと楽な座り方をするように勧められます。

Q Peut-on s'asseoir en tailleur ?
あぐらをかいてもいいのですか？

R Les hommes le peuvent. Les femmes, elles, mettent leurs jambes sur le côté. Il y a parfois un *zaisu* (un siège sans piètement muni d'un dossier) pour pouvoir s'adosser.

男性はかまいません。女性は足をくずします。背をもたせかけるための座椅子（背もたれだけで脚のない椅子）が置いてある場合もあります。

19 Le *futon*

布 団

Q Quel est le couchage ?
寝具はどんなものですか？

R Beaucoup de gens utilisent maintenant un lit à l'occidentale, mais il est aussi courant de dormir sur un *futon*, une couchette préparée sur les *tatami*.

洋式のベッドで寝る人が増えましたが、畳の上に布団を敷いて寝るのもごく普通です。

Q Il n'est pas rare en France d'entendre le mot *futon*, aussi bien que *tatami*. Mais qu'est-ce que c'est exactement ?

フトンという語は、タタミと同様、フランスでもけっこう耳にするようになりました。正確にはどういうものですか？

R Le mot désigne l'ensemble de la literie. La nuit, on étale un ou deux *shiki-buton* (matelas en bourre de coton), qu'on couvre d'un drap et, par dessus, on met une couverture, une couette, le *kake-buton*, ou une couverture en coton selon la saison. Le matin, on plie et range cette literie dans un placard.

寝具一式を指します。夜になると敷布団（綿を入れたマットレス）1、2枚を敷いてシーツでくるみ、上からは季節によって毛布、掛け布団、またはタオルケットをかけます。朝はこの寝床をたたんで、押入れにしまいます。

Q Ce système me paraît très pratique.
とても便利でしょうね。

R En effet, car on peut transformer immédiatement une chambre en salon ou en salle à manger. On peut aussi faire coucher autant de personnes qu'on a de *futon* dans le placard.

そうですね、あっというまに寝室を居間にも食堂にも変えられるのですから。それに押入れにある布団の数だけ、人を泊めることができます。

Q Est-il confortable de dormir sur un *futon* ?
布団は寝心地がいいですか？

R C'est une question d'habitude. Grâce aux *tatami* qui ne sont pas aussi durs qu'un plancher de bois, on dort bien. On dit même que c'est mieux pour le dos qu'un lit trop mou.

それは慣れの問題です。畳は木の床ほど硬くありませんから、よく眠れます。また、柔らかすぎるベッドより背中によいともいわれます。

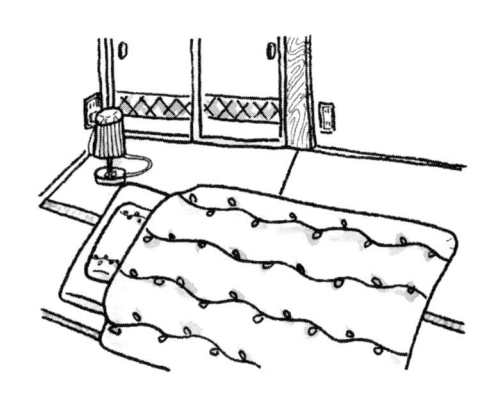

20 Le bain

風呂

Q Qu'est-ce que le furo ?
「フロ」とは何ですか？

R
Le *furo* est le bain japonais. Il est tout à fait différent du bain européen. La plus grande différence est qu'on ne se lave pas dans la baignoire ; aussi curieux que cela puisse paraître pour les Français, toute la famille utilise la même eau. En fait, on se lave et on se rince complètement en dehors de la baignoire avant de se plonger jusqu'au cou dans l'eau chaude. On garde ainsi précieusement l'eau propre pour les personnes qui vont prendre leur bain après nous. Bien sûr, on ajoute au fur et à mesure de l'eau chaude.

「フロ」は日本の風呂です。西洋の風呂とはまったくちがいます。一番大きなちがいは、浴槽のなかで身体を洗わないことです。フランス人にはとてもおかしなことに思えるかもしれませんが、家族全員が同じお湯を使います。日本では浴槽の外で身体をすっかり洗い流してから、肩までゆったりお湯につかるのです。こうすると、次に入る人のときにもお湯はきれいなままです。もちろん、お湯は足しながら使います。

Q À quel moment de la journée est-ce que les Japonais prennent leur bain ?
一日のうち、いつ風呂に入るのですか？

R
Beaucoup de gens en prennent un chaque soir, avant de se coucher. Ils aiment se remettre de la fatigue dans un bain chaud et se coucher tout propres. Il y en a d'autres qui préfèrent se doucher le matin.

毎晩、寝る前に入る人が多いです。あたたかい風呂に浸かって一日の疲れをとり、清潔になって床につくのです。朝にシャワーを浴びるのを

好む人もいます。

Q Y a-t-il des bains publics ?
公衆浴場はありますか？

R Oui, mais leur nombre a diminué ; autrefois il y en avait dans presque tous les quartiers. Les Japonais adorent les salles de bains spacieuses ; dans les hôtels et les auberges, ils préfèrent aller au bain commun même s'ils ont leur propre salle de bains. De même, c'est une distraction courante chez les Japonais d'aller dans des stations thermales.

はい、でも数は減っています。昔はほとんどの街にあったのですが。日本人は広々としたお風呂が大好きですから、ホテルや旅館で個室に風呂がついていても、大浴場を利用する人が多くいます。また温泉に行くことは、日本人が好む娯楽です。

Q Les hommes et les femmes se baignent-ils ensemble au bain public ?
公衆浴場では、男性も女性も一緒に入浴するのですか？

R Non. Il y a une entrée pour les hommes, une autre pour les femmes. Les vestiaires et les salles de bains sont également séparés. Mais dans nombre de stations thermales rustiques, il arrive que les bains en plein air soient mixtes. Le maillot de bain étant strictement interdit, on se sert d'une petite serviette pour se couvrir plus ou moins. Les vapeurs du bain aident un peu aussi !

いいえ。男性用の入り口と女性用の入り口があります。その先の脱衣所も浴室も男女で分かれています。しかし、ひなびた温泉では露天風呂が混浴になっていることもあります。水着を着て入ってはいけないので、手ぬぐいでいくらか体を隠します。湯気でも少しは隠れるものですよ！

21 Le chauffage et la climatisation
冷暖房

Q: Comment chauffez-vous votre maison ?
家庭では暖房はどうしていますか？

R: À l'exception de Hokkaido, le chauffage central n'est pas courant chez les particuliers, même dans les immeubles résidentiels. On chauffe chaque pièce quand on l'utilise avec un appareil de chauffage à pétrole, à gaz ou électrique.

北海道を除くと、個人の住宅には、マンションであってもセントラルヒーティングは普及していません。使う部屋ごとに灯油、ガス、電気を利用した暖房器具であたためます。

Q: Quel est le moyen de chauffage traditionnel ?
昔ながらの暖房器具がありますよね？

R: Ce qu'on appelle *kotatsu* est encore très utilisé. C'est une table basse, en général carrée, qu'on recouvre d'un *futon* (une couverture ouatée) et sur laquelle on pose une planche. Sous cette table, on mettait une sorte de brasero, qui est maintenant remplacé par un radiateur électrique.

今もこたつがよく使われています。おもに正方形の低い台に布団をかけ、上に板を置いたものです。かつてはこの台の下に炭の壺を置きましたが、今日ではその代わりに電気ヒーターがついています。

Q: La climatisation est-elle répandue ?
冷房は普及していますか？

R: Oui. La majorité des lieux publics sont climatisés aussi bien que chauffés : les hôpitaux, les transports en commun, les stations de métro, les magasins, etc. Comme il fait très chaud et humide en été, même la nuit, les maisons particulières aussi sont munies de climatiseurs. Il est pourtant conseillé de choisir une température modérée parce que l'air d'échappement des climatiseurs réchauffe la ville et fait augmenter la concentration en dioxyde de carbone dans l'air.

　はい。病院、交通機関、地下鉄の駅、商業施設など、ほとんどの公共の場では冷房が完備しています。日本の夏は夜まで非常に蒸し暑いので、個人の住宅でも冷房をそなえているのが普通です。けれども、冷房の室外機から出る熱風が都会をさらに熱くし、二酸化炭素の排出も増やすので、冷房の設定温度は高めにすることが推奨されています。

Q L'utilisation de la climatisation a-t-elle changé depuis l'accident nucléaire de 2011 ?

2011年の原発事故以降、冷暖房の使い方は変わりましたか？

R Oui. On fait des efforts pour réduire la consommation d'électricité, et on utilise moins de climatisation : on essaie de passer l'après-midi dans un lieu public, par exemple une bibliothèque, un grand magasin, etc. ou de se rassembler dans une pièce chauffée ou climatisée pour passer la soirée en famille. On choisit des vêtements en fonction de la température. On redécouvre le plaisir de vivre avec les fenêtres ouvertes en été s'il ne fait pas trop chaud.

　はい。節電を心がけ、冷暖房の使用を控えています。たとえば図書館やデパートなど公共の場所で午後を過ごす、冷暖房のある部屋に家族が集まって夜の時間を過ごすなどの工夫もしています。また、気温に合わせた服装を選ぶようになりました。夏も、あまり暑くないときは、窓を開けて過ごす心地よさが見直されています。

第4章
生活

La vie quotidienne

22 Les salutations

挨　拶

Q Comment se saluent les Japonais ?

日本人はどのように挨拶をしますか？

R Deux personnes qui ne se connaissent pas bien se saluent en baissant légèrement la tête. Pour se présenter ou bien pour saluer un supérieur ou une personne plus âgée, on s'incline plus lentement, en baissant un peu les yeux, pour présenter ses respects.

あまりよく知らない人同士では、軽く頭を下げる会釈をします。初対面の人や目上の人には、敬意をこめて、もう少しゆっくり、こころもち目を伏せて、お辞儀をします。

Q Est-ce qu'on peut dire « *Konnichiwa* » en entrant dans un magasin ?

お店に入るときは、「こんにちは」と言えばいいですか？

R Bien sûr. Mais le plus souvent, ce sont les vendeurs qui vous disent bonjour et le client ne dit rien à moins qu'il les connaisse. Il y a même des clients qui partent sans prononcer un mot après avoir fait leurs achats. Cette attitude paraît sans doute étrange aux yeux des Français qui ont l'habitude de se dire bonjour à la caisse des magasins, aux guichets ou en montant dans le bus, mais les Japonais ne la considèrent pas comme un comportement impoli.

もちろんかまいません。でも互いに顔見知りでないかぎり、声をかけるのは店員だけで、客は何も言わないほうが普通です。一言も発することなく買いものをすませて立ち去る人さえ少なくありません。こうした態度は、レジや各種の窓口で、そしてバスに乗るときにも挨拶を交わす習慣のあるフランス人の目には奇妙に映るかもしれませんが、日本では失礼な行為とは考えられていません。

Q Et entre amis ?
知り合いや友人との挨拶はどうでしょう？

R Avec des connaissances, en général, on se dit « *Konnichiwa* » et on s'incline légèrement. Avec des amis plus proches, on échange des gestes et des expressions plus variés : on se fait un petit signe de la main, on se sourit…

ごく普通の知り合いには、「こんにちは」と声に出して、会釈をすることが多いです。親しい人とは、軽く手を挙げたり笑顔を見せたりと、いろいろなジェスチャーや表情で挨拶します。

Q Vous n'avez pas l'habitude de vous serrer la main ou de vous prendre dans les bras ?
握手をしたり抱き合ったりはしないのですか？

R Il est très rare dans la vie de tous les jours d'avoir des contacts physiques avec les gens. La poignée de main est plutôt le geste d'un accord dans un contexte officiel comme une réunion, une conférence de presse, etc. Il est jugé indécent, même entre amoureux, de se prendre dans les bras ou de s'embrasser devant les autres.

普段の生活で人と身体を触れ合わせることは滅多にありません。握手も、会議や記者会見といった公式の場で合意のジェスチャーとしてする程度です。たとえ恋人同士であっても、人前で抱き合ったりキスをしたりするのは慎みがないと見なされます。

23 Les cadeaux
贈りもの

Q À quelle occasion faites-vous des cadeaux ?
日本人はどういうときに贈りものをしますか？

R En famille ou entre amis, nous offrons un cadeau à l'occasion d'un événement heureux : pour fêter les anniversaires, le commencement et la fin des études, les débuts dans un emploi ou le mariage. Quand on fait un cadeau à quelqu'un qu'on ne connaît pas très bien, on choisit souvent des bons d'achat, des bons de librairie ou bien un catalogue de cadeaux dans lequel la personne qui le reçoit peut, elle-même, choisir.

家族や親しい人の間では、誕生日や入学、卒業、就職、結婚など祝いごとがあるときに贈りものをします。相手をあまりよく知らない場合には、商品券、図書カード、さらには受け取った人が自分で選べるカタログギフトも利用されます。

Q On voit dans des endroits touristiques des Japonais qui achètent beaucoup de petits souvenirs ou des spécialités locales.
観光地では小さな記念品や名産品をたくさん買っていく日本人を見かけます。

R Oui, on offre souvent de petits cadeaux de voyage à sa famille, à ses amis ou à ses collègues. Le cadeau au Japon facilite les relations humaines. On fait parfois un cadeau par politesse à une personne qui n'est pas forcément proche ; celle-ci doit alors offrir un cadeau en retour. Il est bon de savoir que, suivant la tradition, on offre un cadeau, même très coûteux, en disant « c'est un petit cadeau qui ne vaut rien ».

そうですね、家族や友人、あるいは職場の同僚のために、旅行のおみやげを配る習慣があるのです。日本の贈りものには、人づきあいを円滑に進めるという役割があります。かならずしも親しくない相手にも、礼儀として贈りものをすることがよくありますし、贈りものをされた側はお返しをしなければなりません。また、たとえ高価な贈りものでも「つまらないものですが」と言って渡す伝統があることも知っておくといいでしょう。

Q Est-ce que vous faites des cadeaux à l'occasion des fêtes annuelles ?

行事に合わせて贈りものをしますか？

R Oui. Il est devenu très courant de faire des cadeaux à Noël, pour la fête des mères, celle des pères, ou celle des personnes âgées. Il est aussi à la mode chez les filles et les femmes d'offrir du chocolat non seulement aux garçons et aux hommes, mais aussi à leurs amies le jour de la Saint-Valentin. Elles attendent un petit cadeau en retour le jour du *White Day*, le 14 mars, de la part de ceux qui en ont reçu.

はい。クリスマス、母の日、父の日、それから敬老の日なども、贈りものをする機会として定着しています。バレンタインデーには女性から男性に、最近では女性同士でも、チョコレートをプレゼントします。贈りものをもらった男性は、ホワイトデーにお返しを期待されます。

Q Y a-t-il d'autres occasions de cadeaux plus traditionnelles ?

もっと伝統的な贈りものの習慣はありますか？

R Il est d'usage de faire un cadeau de remerciement, deux fois par an, en juillet-août, *chugen*, et en décembre, *seibo*, aux personnes qui nous ont rendu service. Autrefois, on offrait souvent des boissons alcoolisées ou des produits dont on a besoin tous les jours :

du thé, de l'huile, du sucre, de la sauce de soja, des serviettes éponge, etc. Cette coutume est pourtant moins pratiquée qu'avant.

　1年に2度、7〜8月の中元と、12月の歳暮に、世話になった人に贈りものをする慣わしがあります。以前は酒類や、お茶、油、砂糖、しょうゆ、タオルなどの日用品を贈ることが多かったようです。ただし最近は以前ほどさかんでなくなりつつあります。

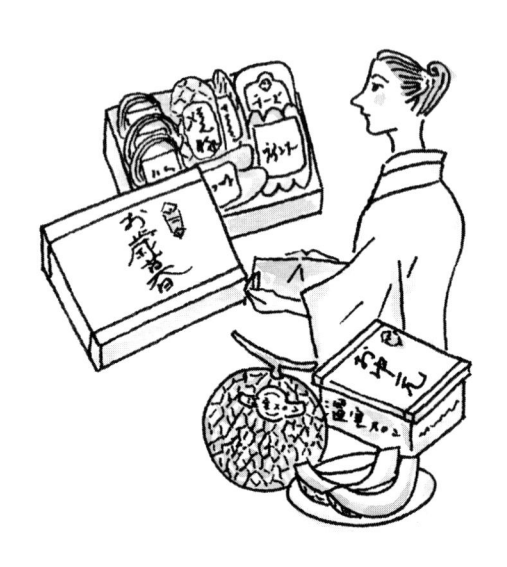

24 Les visites

お　客

Q Est-ce que les Japonais reçoivent souvent chez eux ?
日本人はよく自宅にお客を招きますか？

R Les Français reçoivent souvent et sans cérémonie, ce qui n'est pas le cas chez les Japonais, à part entre amis très proches ou membres de la famille. On l'explique en général par le manque de place ou le désordre dans la maison.

フランス人は気軽に家にお客を招待しますが、日本ではよほど気心の知れた友人や家族でないかぎりあまり招きません。家が狭いから、散らかっているから、といった理由が多いようです。

Q Vous n'invitez donc pas vos supérieurs et vos relations de travail.
それでは、上司や仕事上の知り合いを家に招くことはないのですね。

R Non. Au Japon, l'intérieur et l'extérieur doivent se distinguer nettement. On ne montre pas le lieu de sa vie privée à des relations extérieures. De plus, il est mieux considéré de recevoir en ville, et cela évite aussi des soucis des deux côtés.

ありません。日本では内と外の区別がはっきりしています。個人的な生活の場は、外のつきあいの相手には見せません。それに外食の方が上等のもてなしとされていますし、外食なら招くほうも招かれるほうも気をつかわなくてすみます。

Q Est-ce que les étrangers peuvent être invités dans une famille japonaise ?
外国人が日本の家庭に招かれることはありますか？

R S'ils ont des amis japonais, il est possible qu'ils soient invités plus facilement que les Japonais. Mais il ne faut pas penser que vous êtes exclus parce que les Japonais ne vous invitent pas, car en plus de ce qu'on a dit tout à l'heure, il y a le fait que beaucoup de gens s'inquiètent de la différence de langue et des habitudes alimentaires.

日本人の友人があれば招かれることもあるでしょう。もしかすると、日本人同士よりも家に招待されることが多いかもしれません。ですが、さっきあげた理由に加え、日本人には言葉や食習慣のちがいを心配する人も多いでしょうから、たとえ招かれなくても、仲間はずれにされたと思わないでくださいね。

Q Qu'est-ce que vous apportez quand vous rendez visite à quelqu'un ?

人の家を訪問するときにはどんなものを持っていきますか？

R On tient bien sûr compte du goût de la personne, mais le plus souvent des gâteaux ou des boissons alcoolisées. On offre aussi des fruits de qualité.

相手の好みに合わせるのは当然ですが、だいたい菓子や酒類です。高級な果物を持っていくこともよくあります。

25 Les achats
買いもの

Q: Au Japon, où fait-on les courses d'habitude ?
日本では、日常の買いものをするにはどういうところがありますか？

R: On va en général dans des à grandes surfaces qui vendent de tout, comme les supermarchés ou les centres commerciaux, ou bien chez les petits commerçants de son quartier. Il y a aussi beaucoup de supérettes, *konbini*, qui sont ouvertes 24 heures sur 24. Dans ces magasins, on peut facilement acheter de la nourriture, des magazines, ou des articles courants de la vie quotidienne. On peut aussi utiliser les services de livraison à domicile proposés par des coopératives de consommation, des supermarchés en ligne, etc. En général, il n'y a pas de marchés qui vendent des produits frais comme en France, sauf dans les régions touristiques où on trouve des marchés de produits locaux.

普段は、スーパーマーケットやショッピングセンターのように品ぞろえが豊富な大規模店や、近所の小売店に行きます。24時間営業のコンビニも多いです。こうした店では食べもの、雑誌から生活必需品まで、いつでも手軽に揃えることができます。生協やネットスーパーなど、宅配サービスもあります。でも、フランスのように、生鮮食料品を売るような市は一般的ではありません。ただし観光地では地元の特産品を売る朝市に出合うこともあります。

Q: Quand on veut faire des achats plus particuliers ?
もっと特別なショッピングをしたい場合はどうですか？

R: On va dans un grand magasin où se trouvent des boutiques réputées ou bien dans des boutiques présentées à la télévision ou dans les journaux. On fait aussi des commandes sur Internet, sur-

tout à des magasins célèbres en province.

有名な店が進出しているデパートや、テレビ、雑誌で紹介される店に行きます。インターネットショッピングもさかんで、地方の名店からの取り寄せはとくに人気があります。

Ⓠ Comment est organisé un grand magasin ?
デパートはどんな構成ですか？

Ⓡ On y trouve surtout des produits de marque, japonais ou étrangers : vêtements, chaussures, sacs, produits de beauté ou vaisselle. Il y a aussi beaucoup de produits alimentaires et de vins haut de gamme. Au sous-sol se trouvent des boutiques des pâtissiers et des traiteurs connus. Un étage de restauration et un hall d'expositions sont aménagés dans la plupart des grands magasins.

国内、海外の有名ブランドを中心に、服、靴、バッグ、化粧品、食器などがそろいます。ワインその他の高級食料品も豊富です。地下には有名な菓子店や惣菜店が入っています。多くのデパートには、レストラン街や催事場も設けられています。

Ⓠ Les produits des grands magasins sont-ils considérés comme de haute qualité ?
デパートには高級なイメージがありますか？

Ⓡ Oui. C'est pourquoi ils ont tendance à être assez touchés par la crise. Par contre, les centres commerciaux avec de grands parkings en banlieue, et les magasins de déstockage prospèrent. Quand on doit faire attention à ses dépenses, le prêt-à-porter bon marché de marque japonaise ou étrangère et la vente par correspondance sont de bonnes options. Même les grands magasins créent de plus en plus leur propre marque, pour maintenir le rapport qualité/prix.

はい。そのために不況下では敬遠されがちです。景気が悪ければ、逆に広い駐車場をそなえた郊外型ショッピング施設やアウトレットモールが繁盛します。出費をおさえなければならないときには、国内外のファストファッションや通販を選ぶことになります。そこでデパートにも、品質を維持して価格を抑えたプライベートブランドを扱うところが増えてきました。

26 La supérette « *konbini* »
コンビニ

Q: Qu'est-ce qu'un « *konbini* » ?
「コンビニ」とは何ですか？

R: C'est une supérette. Elle est vraiment pratique comme l'origine de son nom « convenience store » l'indique. En général, celles qui sont en ville sont ouvertes 24 heures sur 24. On peut y acheter des boissons, des produits alimentaires, des objets d'usage quotidien ou des journaux. On peut aussi envoyer des colis en *takuhaibin* (livraison express), faire des photocopies, retirer de l'argent au distributeur automatique, payer ses impôts ou ses factures, réserver et acheter des billets d'avion ou des places de spectacle.

小さなスーパーです。convenience storeに由来する名のとおり、本当に便利です。通常、都市部の店舗は24時間営業しています。飲料、食品から、日用品、新聞雑誌まで買えます。宅配便を発送することも、コピーを取ることも、現金を引き出すことも、税金や電気料金を支払うことなども、飛行機や公演のチケットを予約、購入することもできるのです。

Q: Quel genre de nourriture peut-on y acheter ?
食品はどういうものがありますか？

R: Surtout des snaks comme des *onigiri*, des petits pains garnis, ou des biscuits. Il y a aussi des produits chauds comme des spécialités chinoises à la vapeur, des nuggets de poulet ou de l'*oden*, sorte de pot-au-feu japonais. On réchauffe les *bento* au micro-onde. Il y a des *konbini* qui vendent aussi des produits frais.

おにぎりやパンなどの軽食や菓子類が中心です。中華まんじゅう、鶏のからあげ、日本のポトフといえるおでんなど、あたたかいものもあります。弁当は電子レンジであたためて渡してくれます。店舗によっては、生鮮食料品も売っています。

Où se trouvent les *konbini* ?
コンビニはどこにありますか？

Vous pouvez en trouver partout, comme les boulangeries en France. Il existe plusieurs chaînes de *konbini* mais on peut les repérer facilement. Il y en a souvent dans les gares aussi.

フランスのパン屋さんと同じくらいどこにでもあります。複数の系列に分かれていますが、見ればすぐにコンビニだとわかります。駅の構内にもよくあります。

27. Les chemins de fer

鉄　道

Q : Est-ce que le réseau de chemins de fer dessert tout le Japon ?

鉄道網は日本全国どこでも整備されていますか？

R : Oui. Avec la privatisation de tout le réseau en 1987, les lignes de voyageurs de l'ancienne Société nationale des chemins de fer qui appartenaient à l'État ont été divisées en 6 groupes, puis redistribuées à chaque branche de la société JR (Japan Railways) : JR Hokkaido, JR East, JR Central, JR West, JR Shikoku et JR Kyushu. Ces branches de la JR gèrent le *Shinkansen*, équivalent du TGV. Des lignes privées, gérées par d'autres sociétés que la JR, complètent aussi le réseau des grandes villes.

はい。1987年の完全民営化にともない、旧国鉄が所有していた全国の旅客路線は6分割され、JR各社（JR北海道、JR東日本、JR東海、JR西日本、JR四国、JR九州）の管轄となりました。TGVにあたる新幹線を管理するのも、これらのJRです。JR以外の会社が運営する私鉄路線も、大都市を中心に充実しています。

Q : Alors, les chemins de fer fonctionnent sans problème ?

それでは、鉄道は問題なく機能しているのですね？

R : Pas tout à fait. Sur les lignes régionales, on diminue la fréquence de trains ou on supprime carrément des lignes, car les passagers sont de moins en moins nombreux. Surtout sur les longs trajets, les gens préfèrent voyager en avion, prendre un bus à grande vitesse qui passe par l'autoroute, ou utiliser leur propre voiture. Actuellement, il y a deux fois plus de voyageurs en voiture qu'en train.

　そうでもありません。地方の路線では、利用者の減少によって減便、廃止が続いています。とくに長距離便については、飛行機路線や高速道路を使う高速バスや自家用車との競合が起きています。列車よりも車で移動する人のほうが2倍多いのが実情です。

⟨Q⟩ Et dans les grandes villes ?
大都市ではどうですか？

ⓡ Le problème des heures d'affluence est grave dans les grandes villes. Même si on augmente au maximum la fréquence des trains de banlieue, ceux-ci sont bondés le matin, alors on préconise de décaler les heures pour aller au travail ou à l'école. Et comme les horaires sont très serrés, un accident peut provoquer de graves perturbations.

　大都市ではラッシュの問題が深刻です。朝に郊外から都心へ向かう列車は、限界まで運行本数を増やしていても非常に混雑するので、時差通勤、通学が奨励されています。また過密ダイヤのため、事故などがあると大きな遅れが生じます。

28 Le *Shinkansen* (train à grande vitesse japonais)
新幹線

Q **Où passe le *Shinkansen* ?**
新幹線はどこを走っていますか？

R On a inauguré la première ligne de *Shinkansen*, la ligne Tokaido, en 1964, à l'occasion des Jeux olympiques de Tokyo, pour relier Tokyo à Osaka. À partir de la gare de Tokyo, elle passe par Shinagawa, Shin-Yokohama, Nagoya en longeant l'océan Pacifique, puis Kyoto pour arriver à Shin-Osaka. Maintenant, à partir de Shin-Osaka, elle devient la ligne Sanyo, et passe par de grandes villes comme Kobe, Okayama et Hiroshima, pour arriver à Hakata, sur l'île de Kyushu. La ligne de Kyushu va de Hakata jusqu'à Kagoshima dans le sud.

1964年、東京オリンピックに合わせて最初に開通したのが東京と大阪を結ぶ東海道新幹線です。東京駅から品川、新横浜、名古屋と太平洋に沿って進み、京都を経由して新大阪駅に着きます。現在は、そのまま新大阪から山陽新幹線の区間に入り、神戸、岡山、広島といった大都市を結んで九州の博多に着きます。九州新幹線は博多から南の鹿児島まで行っています。

Q **Y a-t-il d'autres lignes ?**
ほかにも路線がありますか？

R Oui. Dans le nord du Japon, la ligne Tohoku passe par Sendai pour monter jusqu'à Shin-Aomori. Elle se divise aussi en mini-*Shinkansen* : la ligne Yamagata va de Fukushima à Shinjo ; la ligne Akita va de Morioka à Akita. Il y a aussi les lignes Joetsu (qui va à Niigata) et Nagano (qui va à Nagano) en partant de Tokyo. Il est même prévu de prolonger plusieurs lignes. Le projet d'un *Shin-*

kansen à sustentation magnétique, pour relier Tokyo, Nagoya et Osaka par une voie différente, se poursuit aussi.

はい。北日本では、東北新幹線が仙台を通って新青森まで北上します。また一部はミニ新幹線として枝分かれし、福島から新庄は山形新幹線、盛岡から秋田までは秋田新幹線と呼ばれます。東京を起点とする上越新幹線（新潟行）、長野新幹線（長野行）もあります。さらに複数の路線が延伸される予定です。また、東京と名古屋、大阪を別ルートで結ぶリニア新幹線の計画も進んでいます。

Q À quelle vitesse roule le *Shinkansen* ?
新幹線の速度はどのくらいですか？

R Parmi les différentes sortes de *Shinkansen*, le plus rapide est le nouveau modèle, le Nozomi. Sur la ligne Tokaido, sa vitesse maximale est de 270 km/h, et sur la ligne Sanyo de 300 km/h.

さまざまな種類の新幹線のなかでもっとも速いのが、のぞみの最新型車両です。東海道新幹線区間では最高時速270km、山陽新幹線区間では300kmで運行しています。

Q Combien de temps faut-il pour aller de Tokyo à Shin-Osaka, Hakata ou Kagoshima ?
東京から新大阪、博多、鹿児島まで時間はどのくらいかかりますか？

R Entre Tokyo et Shin-Osaka il y a 552,6 km, et le trajet prend deux heures et demie avec le train Nozomi. Le trajet entre Tokyo et Hakata, 1174,9 km, prend cinq heures. Le Hikari, moins cher que le Nozomi, s'arrête dans plus de gares ; il met moins de trois heures de Tokyo à Shin-Osaka. On peut faire le trajet de 1463,8 km entre Tokyo et Kagoshima en 6 heures et demie environ.

のぞみに乗ると、東京・新大阪間の552.6kmが約2時間半、東京・博多間1174.9kmは5時間です。のぞみより割安で停車駅が多いひかりは、東京から新大阪まで3時間を切ります。東京から鹿児島までの

1463.8kmが6時間半ほどです。

Q **Les *Shinkansen* sont-il fréquents ?**
新幹線の本数は多いですか？

R Oui. Par exemple, sur la ligne Tokaido, où il y a le plus de voyageurs, un train passe environ toutes les dix minutes. Même si les horaires sont serrés, les trains sont très ponctuels et réputés pour être très fiables.

はい。たとえば一番利用者の多い東海道新幹線では、ほぼ10分に1本あります。新幹線は本数が多くても時間にとても正確で、安全性にも定評があります。

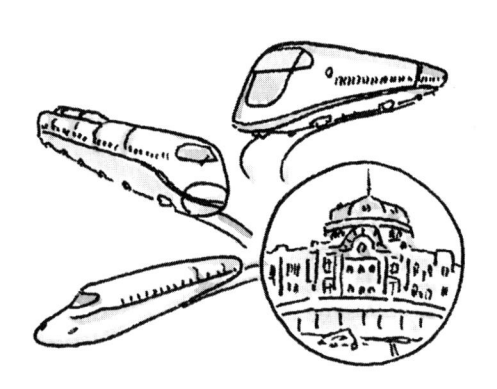

29. Les transports en commun dans les grandes villes
大都市の公共交通

Q: On utilise beaucoup les transports en commun dans les grandes villes ?

大都市では公共交通がよく利用されますか？

R: Oui, le réseau des transports en commun est très bien développé. Les métros et les trains sont très fréquents et arrivent bien à l'heure. Les bus sont relativement ponctuels. Il y a aussi des minibus peu chers et pratiques, qui appartiennent aux collectivités locales. Dans les grandes villes, on peut utiliser une carte magnétique qui permet de prendre divers transports en commun. Pourtant le trajet coûte parfois plus cher qu'on ne l'imagine car les prix sont cumulés quand on prend plusieurs lignes de sociétés différentes.

　はい、公共交通網は充実しています。地下鉄や電車は本数も多く、時間に正確です。バスも割合正確です。市町村が所有するミニバスも安くて便利です。大都市圏ではさまざまな交通機関に共通のICカードが使えます。ただし異なる会社の路線に乗り換えると、そのたびに料金がかかるので、想像以上に高くつくことがあります。

Q: Et le taxi ?

タクシーはどうですか？

R: En général, il y a des stations de taxi devant les gares. Les taxis qui tournent dans les rues sont aussi nombreux, et si l'enseigne sur le taxi indique qu'il est libre, on peut le héler dans la rue en levant la main pour qu'il s'arrête. Bien sûr, on peut aussi réserver un taxi par téléphone.

たいてい鉄道の駅前にタクシー乗り場があります。また流しのタクシーも多く、空車のランプがついていれば、道端で手を挙げて車を停めて乗ることができます。もちろん電話で呼ぶこともできます。

Q Est-ce que les taxis coûtent cher ?
タクシーの料金は高いですか？

R Le prix dépend de la distance et de la durée du trajet. D'habitude on ne donne pas de pourboire, alors on ne paie que la somme demandée. On peut souvent payer par carte de crédit.

タクシーの料金は距離と時間を組み合わせて計算されます。チップを払う習慣はないので、表示される金額ぴったり支払えば問題ありません。カードで支払いができるタクシーもかなりあります。

30 La voiture

自動車

Q Est-ce que les Japonais utilisent beaucoup la voiture ?

日本人は自動車をよく使いますか？

R Oui. Selon les statistiques de 2009, il y avait 6 voitures pour 10 Japonais. En particulier, dans les régions où les transports en commun ne sont pas très développés, il y a plus de deux voitures par famille. Mais dans les grandes villes où on peut se déplacer facilement sans voiture, les jeunes surtout préfèrent ne pas en avoir.

はい。2009年の統計によれば、日本人は10人あたり6台の割合で自動車を所有しています。さらに公共の交通手段があまりない地域にかぎれば、1世帯につき2台以上となります。ただし自家用車がなくても日常の移動に問題のない大都市圏では、とくに若者のあいだで車離れが起きているようです。

Q Est-ce qu'il est difficile d'utiliser une voiture en ville ?

都市部では自動車は利用しにくいのですか？

R On doit supporter les embouteillages. De plus, des mesures sont prises pour limiter le nombre de voitures afin de remédier aux accidents, à la pollution atmosphérique et au bruit. Par exemple, on contrôle le passage des voitures sur les routes autour des écoles le matin, on réserve les rues commerçantes aux piétons en permanence ou à certains moments de la journée.

渋滞を覚悟しなくてはなりません。また事故、大気汚染、騒音などの問題に対処するため、自動車の使用を制限する対策がとられています。たとえば、子供たちの登校時間に通学路への車の進入を規制したり、常時あるいは一定の時間帯に繁華街を歩行者専用にしたりするのです。

Q Ça a l'air pénible de conduire en ville…
街なかで自動車を運転するのはたいへんそうですね。

R On ne peut pas nier les difficultés de stationnement. Dans le centre des grandes villes, il y a beaucoup de rues qui sont interdites au stationnement. Dans ce cas, on cherche des parkings payants, mais c'est très cher. D'ailleurs, au Japon, on ne conduit pas toujours jusqu'à l'emplacement de stationnement, car pour utiliser au maximum les espaces étroits, il y a souvent des parkings mécaniques.

駐車がしにくいことも無視できません。大都市の中心部では駐車禁止の道路が多いのです。その場合は有料駐車場を探し、とても高い料金を払うことになります。ちなみに日本の駐車場は自走式ばかりではありません。狭い土地を最大限に利用するために、機械式の駐車場も普通に見られます。

Q Est-ce qu'il est plus facile de se garer dans les quartiers résidentiels ?
住宅街でなら、もっと楽に駐車できますか？

R Pas forcément. Dans les quartiers résidentiels, les rues sont trop étroites pour se garer. Quand on achète une voiture au Japon, il faut avoir un garage chez soi ou avoir déjà loué une place de stationnement, et le faire certifier par un document officiel. Avec les mesures environnementales, le paiement des places de stationnement et les différentes taxes, les charges et les contraintes liées à la voiture sont assez pesantes. Pour cette raison, de plus en plus de gens préfèrent louer une voiture ou faire du covoiturage.

　そうともかぎりません。住宅街の道路は駐車するには狭すぎます。日本では車を買うときに、自宅に駐車スペースを設けるか、駐車場を借りるかしたうえで、そのことを公的書類で証明しなければなりません。環境対策に加え、駐車場の確保や各種税金など、自動車を持つことにまつわるわずらわしさや経済的負担は大きいのです。それを嫌って、レンタルやカーシェアリングを利用する人も増えてきています。

31 La télévision et la radio
テレビとラジオ

Q Parlez-moi de la télévision au Japon.
日本のテレビについて教えてください。

R Il y a la chaîne publique NHK et cinq groupes de chaînes privées. Seule la NHK est diffusée dans tout le pays. Les autres chaînes peuvent être diffusées ou non selon les régions. Outre les chaînes à diffusion hertzienne, chaque groupe a des chaînes diffusées par satellite. Les stations qui les diffusent ne proposent pas seulement les émissions des chaînes principales, mais aussi des programmes originaux. Sinon il y a aussi des stations régionales indépendantes, des stations pour chaînes câblées et des stations spécialisées dans la diffusion par satellite. Le passage d'autres au numérique s'est achevé en 2011 ; en 2009, 94,9 % des familles possédaient un téléviseur numérique à écran plat.

公共放送NHKと民放テレビ局5系列があります。NHKだけが全国放送です。地方によっては、その他5系列すべてを受信できるとはかぎりません。テレビ局各社は地上波のほか、衛星放送チャンネルを持っています。それらの系列の地方局は、キー局が制作した番組を放送するだけでなく、独自の番組も制作しています。そのほかにキー局を持たない地方放送局、ケーブルテレビや衛星放送に特化した放送局もあります。なお、2011年に地上デジタル放送へ完全移行しました。地デジ対応薄型テレビの世帯普及率は2009年の時点で94.9%でした。

Q Est-il vrai qu'il y a des universités qui donnent des cours à la télévision ou à la radio ?
テレビやラジオで講義を視聴できる大学もあるそうですね？

R Oui, c'est l'université ouverte, *Hoso Daigaku* (The Open University of Japan). Elle possède sa propre chaîne, et propose un enseignement à distance en diffusant des émissions très variées. Les émissions sont également disponibles sur Internet.

　はい、それは放送大学です。独自のチャンネルを所有し、多様な番組を通じて通信教育を行っています。番組はインターネットでも配信されています。

Q Est-ce qu'il faut payer pour regarder la télévision ?
テレビを視聴するのに料金を払う必要はありますか？

R Oui. Les familles qui possèdent un poste de télévision paient la redevance de la NHK. La NHK vit grâce à cette redevance, la publicité étant interdite. Les chaînes privées à diffusion hertzienne sont gratuites, mais on doit payer un abonnement ou une redevance audiovisuelle à part pour la télévision par satellite ou le câble numérique.

　はい。テレビ受像機を持っている世帯はNHK受信料を払います。NHKはその受信料で運営されており、広告が禁じられています。民放の地上波は無料ですが、衛星放送やケーブルテレビには別途加入費や視聴料を払います。

Q Est-ce que les Japonais regardent souvent la télévision ou écoutent beaucoup la radio ?
日本人はテレビやラジオをたくさん視聴しますか？

R D'après une enquête de la NHK réalisée en juin 2009, pour ce qui est de la télévision, les Japonais regardent la NHK 57 minutes par jour et les chaînes privées 2h46 par jour, soit 3h43 au total. Concernant la radio, ils écoutent la NHK 15 minutes par jour et les stations privées 21 minutes par jour, soit 36 minutes au total. On attend de la NHK plutôt des informations et des émissions culturelles, et des chaînes privées des variétés.

2009年6月にNHKが行った調査によると、日本人はテレビを1日あたりNHK57分、民放2時間46分、合計3時間43分見ています。またラジオについては1日あたりNHK15分、民放21分、合計36分聴いています。NHKには報道や教養を、民放にはバラエティを期待する傾向があるようです。

Q Quelle est la hauteur de la tour de diffusion audio-visuelle à Tokyo ?
東京の電波塔の高さはどのくらいですか？

R La tour de Tokyo, construite en 1958, mesure 333 m. Elle est plus haute que la tour Eiffel, qui mesure 330 m. Car les Japonais voulaient construire la plus haute tour du monde. La nouvelle tour de diffusion, Tokyo Skytree, mesure 634 m.

　1958年に建設された東京タワーは333mで、330mのエッフェル塔よりも高い世界一の塔を目指していました。これに代わる新しい電波塔である東京スカイツリーの高さは、634mです。

32 Les journaux

新聞・雑誌

Q Quels sont les journaux à grand tirage ?
日本のおもな日刊紙は何紙ありますか？

R Il y en a cinq : Yomiuri, Asahi, Mainichi, Nikkei, Sankei. Ce sont tous des quotidiens nationaux. Il existe aussi des quotidiens régionaux et d'autres qui donnent des informations dans un domaine particulier. Le journal Nikkei est un quotidien économique et financier mais les quatre autres donnent des informations sur la politique, la société, le sport, la culture et la vie en général. Pour ces cinq journaux, la distinction entre « intellectuel » et « populaire » n'existe pas, mais leurs orientations politiques sont différentes.

　読売、朝日、毎日、日経、産経の5紙あります。すべて全国紙です。そのほかに地方紙や専門紙があります。日経新聞は経済・金融を中心に扱いますが、他の4紙はいずれも政治、社会問題、スポーツ、文化、暮らしを全般的に扱います。これら5紙にいわゆる「高級紙」と「大衆紙」の区別はありませんが、各紙には政治的主張に関するちがいが見られます。

Q Quels sont leurs tirages ?
発行部数はどのくらいですか？

R Selon une enquête, environ 48 millions d'exemplaires par jour au total ont été tirés en 2011. Les tirages des journaux sont en baisse depuis 1996, année où leurs tirages cumulés ont atteint près de 70 millions. Les jeunes surtout préfèrent ne pas s'abonner aux journaux papier ; ils peuvent lire les dernières nouvelles plus facilement sur Internet.

　2011年の調査では1日約4800万部でした。1996年の約7000万部を

ピークに発行部数は減少傾向にあります。とくに若い世代は紙媒体の新聞を定期購読しなくなっています。インターネットで読んだほうが手軽で速報性があるからです。

Q En France on achète son journal au kiosque mais au Japon, on s'abonnez ?
フランスではキオスクで新聞を買うのが普通ですが、日本では定期購読するのですか？

R Oui, plus de 90 % des exemplaires sont tirés pour les abonnés. La plupart des journaux nationaux publient deux éditions : une le matin et une autre le soir ; elles sont distribuées à domicile très tôt le matin et en fin d'après-midi.

はい、発行部数の90％以上が定期購読です。全国紙の多くが朝刊夕刊1セットで発行しているので、新聞は早朝と夕方、各家庭に配達されます。

Q Et les hebdomadaires et les mensuels ?
週刊誌や月刊誌の状況はどうでしょうか？

R Le nombre de revues publiées est en baisse depuis 2005. Il y avait 4 215 titres en 2009. Pour ce qui est du tirage, l'hebdomadaire le plus lu a été tiré à environ 750 000 exemplaires et le magazine bimensuel féminin le plus populaire, à environ 530 000 exemplaires. Pourtant de nombreuses revues suspendent ou cessent leur publication. Cela est sans doute dû à la diffusion sur Internet et à celle des journaux gratuits.

2005年以来、出版点数は減っています。2009年には4215点でした。発行部数がもっとも多い週刊誌は約75万部、月2回発行の女性誌では約53万部ですが、休刊や廃刊に追いこまれるものも少なくありません。これにはインターネットやフリーペーパーが普及したことの影響が考えられます。

33. L'écriture

文　字

Q. Vous utilisez plusieurs sortes d'écriture au Japon ?
日本では数種類の文字を使うのですね？

R. Oui. On utilise les *kanji*, idéogrammes introduits de Chine, avec les *kana* (48 *hiragana* et 48 *katakana*), caractères syllabiques propres au Japon, et aussi l'alphabet romain. Les jeunes enfants commencent par apprendre les *hiragana* puis les *katakana*. Peu après l'entrée à l'école primaire, on commence à apprendre aussi les *kanji*, un par un. Pour bien écrire les *kanji*, il faut respecter l'ordre des traits. Il y a plusieurs lectures pour chaque *kanji*, alors il faut aussi les apprendre petit à petit. On apprend 1 006 *kanji* avant la fin des études primaires et on en utilise 2 136 dans la vie quotidienne.

はい。中国に由来する表意文字の漢字、日本国有の音節文字かな（ひらがな48文字とカタカナ48文字）に加え、アルファベットも使います。小さい子供たちは、まずひらがな、次にカタカナを覚えます。小学校に入って少しすると漢字の学習も始まり、1文字ずつ学びます。正しく書くには書き順も覚えなければなりません。それぞれの漢字に複数の読み方があるので、それも段階を追って覚えていきます。小学校卒業までに1006字を覚えますが、日常生活で使われる漢字は2136文字あります。

Q. Si vous utilisez les caractères chinois, vous comprenez le chinois ?
漢字を使うということは、日本人は中国語がわかるのですか？

R. Non. La prononciation et la grammaire sont totalement différentes. Pourtant, comme la signification de base d'un caractère chinois est commune dans les deux langues, les Japonais devinent plus ou moins le chinois écrit. On peut même dire qu'on comprend mieux les textes anciens, car il y a aujourd'hui beaucoup de caractères chinois dont la forme est méconnaissable dupuis une simplification particulière à chaque pays. D'ailleurs, les Chinois n'utilisent que les caractères chinois et ils en utilisent plus que les Japonais : 3 500 dans la vie courante.

いいえ。発音も文法もまったく異なります。とはいえ、漢字の基本的な意味が共通しているため、書かれたものの内容はある程度推測できます。むしろ古いもののほうがわかりやすいとさえいえます。それぞれの国で簡略化された結果、現在では原形とかけ離れているものもたくさんあるからです。また漢字しか使わない中国では、日本より多い3500字を日常生活で使っています。

⟨Q⟩ Les enfants doivent beaucoup travailler pour apprendre les *kanji*. Ce ne serait pas plus efficace d'écrire seulement en *kana* ?

子供たちが漢字を覚えるのはたいへんですよね。かなだけを使ったほうが効率的ではありませんか？

R Non. Quand il y a des *kanji* dans un texte, on saisit tout de suite le sens, mais un texte écrit uniquement en *kana* est très difficile à lire à cause de l'absence d'espace entre les mots. Il est vrai pourtant qu'on utilise beaucoup plus de *kana* et moins de *kanji* qu'avant.

いいえ。漢字が混ざっているとすぐに意味がつかめますが、語と語の間にスペースをあけないため、かなだけで書いたものはとても読みにくいのです。たしかに以前とくらべると、かなの割合がずっと増えてはいますが。

Q **Est-ce que le taux d'alphabétisation est élevé au Japon ?**

日本人の識字率は高いのですか？

R Il est quasiment de 100 %. Pourtant, de plus en plus de personnes ont des difficultés à écrire les *kanji* avec exactitude. C'est sans doute parce que, sur l'ordinateur ou sur le téléphone portable, on peut tout de suite trouver le *kanji* voulu en tapant sa prononciation. Par contre, il est vrai que, grâce à ce procédé pour taper les *kanji*, beaucoup de gens utilisent avec facilité des *kanji* compliqués qu'ils n'arrivent pas à écrire eux-mêmes.

かぎりなく100％に近いです。ただ、最近は漢字を正確に書くのが苦手な人が増えてきています。パソコンや携帯電話では発音どおりに入力すれば、漢字を選ぶことができるからでしょう。でも逆に、この入力方式のおかげで、多くの人が自分では書けない難しい漢字を使いこなしているのも事実です。

34 La livraison à domicile
宅配便

Q: Vous avez, en plus de la poste, un service de ramassage et de livraison à domicile des colis ou des dossiers, je crois.

郵便以外に、荷物や書類を集荷、配達するサービスが普及しているそうですが。

R: Oui. Cela s'appelle *takuhaibin*. Ce service né au Japon est très pratique. Il fonctionne même les week-ends et les jours fériés. On peut choisir la date et l'heure de ramassage ou de livraison. Si l'on est absent, on reçoit une note ou un mail pour fixer un autre rendez-vous. Les colis arrivent en un ou deux jours dans tout le Japon, sauf à Okinawa et sur les îles isolées.

はい。宅配便といいます。日本で生まれた宅配便はとても便利です。土日や祝日も休みません。集荷や配達の日時も指定できます。不在の場合も不在票やメールで通知があって、連絡すると希望どおりに再配達してくれます。沖縄や離島以外では、全国どこでも1〜2日で荷物が届きます。

Q: C'est vraiment un service de proximité !

とてもこまやかなサービスですね！

R: Oui. On peut par exemple envoyer ses valises de chez soi à l'aéroport et de l'aéroport à chez soi pour voyager léger, ou bien encore, envoyer à l'avance son équipement de ski ou de golf sur place. Les personnes âgées, les handicapés, les gens qui habitent dans un endroit isolé ou ceux qui sont débordés n'ont pas besoin de sortir. On peut faire des achats en ligne et les recevoir à domicile quand on veut.

はい。自宅から空港へ、空港から自宅へと、スーツケースを送って身軽に旅をすることも、スキー用品やゴルフ用品などを事前に現地へ配送しておくこともできます。お年寄りや身体の不自由な人、不便な場所に住む人も、忙しい人も出かける必要はありません。インターネットショップで買い物をすれば、家から一歩も出ることなく、都合に合わせて商品を受け取れるのです。

⟨Q⟩ Peut-on envoyer des produits frais ?
生鮮食料品も送ることができますか？

R Bien sûr. On peut aussi choisir les formules « tenir au frais » ou « congélation » pour envoyer de la viande et du poisson frais, des légumes frais ou de la glace. Beaucoup de gens en profitent pour se faire livrer des produits régionaux parfaitement frais.

もちろんです。しかも「冷蔵」や「冷凍」を指定して生の魚や肉、とれたての野菜、アイスクリームなどを送ることも可能です。各地のおいしいものを新鮮なまま取り寄せる人も多くいます。

35 Les masques
マスク

Q: J'ai entendu dire que vous portez souvent un masque pour sortir. C'est à cause de la pollution atmosphérique ?

日本ではマスクをして歩く人が多いと聞きました。空気が汚染されているためですか？

R: Non, ce n'est pas ça. La raison varie selon l'époque de l'année. En hiver, beaucoup de gens portent un masque pour ne pas transmettre ou attraper un rhume ou la grippe. Comme la période de janvier à février où se propage la grippe coïncide, au Japon, avec celle des concours d'entrée des écoles, les candidats et leur famille sont très vigilants. On apprend d'ailleurs dès sa petite enfance à se laver les mains et à faire des gargarismes en rentrant pour prévenir les maladies.

そうではありません。時期によりますが、冬ならば風邪やインフルエンザを人にうつさない、あるいは人からもらわないようにするためにマスクをする人が多いでしょう。とくに日本では受験シーズンが1〜2月のインフルエンザ流行期と重なるので、受験生や家族も慎重になります。子供たちは、病気予防のために外から帰ったら手洗いとうがいをするようにもしつけられます。

Q: Et à d'autres époques de l'année ?

ほかの時期はどうですか？

R: C'est surtout contre l'allergie aux pollens qu'on porte un masque. On a planté pendant la période de reconstruction d'après guerre beaucoup de *sugi*, cyprès du Japon, qui poussent vite. Aujourd'hui, ils sont mal entretenus et répandent des pollens pendant la période de février à avril provoquant une allergie chez 10 à 20 % des Japonais. Et il y a bien d'autres plantes qui causent des allergies, entre autres l'ambroisie à feuilles d'armoise qui fleurit en automne.

　マスクをしているのはたいてい花粉症の人です。日本では戦後の復興期に、成長の早いスギをたくさん植えました。現在は手入れが行きとどかなくなっているスギの花粉が飛散し、日本人の1〜2割が2月から4月にかけてスギ花粉症を発症しているのです。アレルゲンとなる植物はスギのほかにも、秋に開花するブタクサなどいろいろあります。

Ⓠ Le masque est donc efficace contre l'allergie aux pollens ?

　花粉症にはマスクが有効なのですか？

Ⓡ Oui. Il est important d'écarter les pollens du nez et des yeux en portant un masque ou des lunettes. Le gargarisme est efficace aussi.

　はい。マスクやめがねによって鼻や目に花粉を近づけないことが大事です。うがいも有効です。

第5章
家族

La famille

36 La famille

家　族

Q Quelle est la famille type japonaise ?
日本の典型的な家族とはどのようなものですか？

R En général, elle se compose de parents mariés et d'enfants. Il y a très peu de « familles recomposées », alors que c'est assez courant aujourd'hui en France.

普通は、結婚している親と子供です。フランスで現在多くなっている「複合家族」はほとんどありません。

Q En moyenne, de combien de personnes se compose une famille japonaise ?
日本の平均的な家族は何人ですか？

R On a moins d'enfants qu'en France. Selon une statistique de 2010, une famille est composée en moyenne de 2,46 membres, alors qu'en 1975, la moyenne était de 3,3 membres. Les familles de 4 membres étaient les plus nombreuses à cette époque, elle représentait un quart du total. En 2010, 25 % des ménages étaient composés d'une personne seule, puis en second lieu 22 % des ménages étaient formés par un couple. Le pourcentage des familles de 4 membres, les plus nombreuses en 1975, est tombé à 10 %.

フランスとくらべて子供の数は少ないです。2010年の統計によると、1家族の平均人数は2.46人ですが、1975年には3.3人でした。当時は4人の世帯がもっとも多く、全体の4分の1を占めていました。ところが2010年には単身世帯が25％、2位は2人世帯で22％でした。1975年に一番多かった4人世帯の割合は10％に減りました。

Q Existe-t-il une explication à cela ?
それはなぜでしょう？

R La période de haute croissance qui a suivi la guerre a entraîné l'exode rural, ce qui a accéléré l'augmentation du nombre des familles nucléaires dans les grandes villes. Le taux de natalité continue à diminuer. Actuellement, le nombre moyen d'enfants par femme active est d'environ 1,3. Les raisons en seraient une charge économique trop grande, une insuffisance d'assistance aux femmes qui travaillent, un avenir qui ne laisse pas beaucoup espérer, etc. Les ménages de personnes âgées et les célibataires sont de plus en plus nombreux.

戦後の高度成長期から大都市圏への人口流入が続き、核家族化が急速に進展したことがひとつの理由です。出生率も下がり続けています。現在、ひとりの女性が生涯に産む子供の平均人数は1.3人前後にとどまっています。経済的な負担が大きいこと、仕事を持つ女性が増えているにもかかわらず支援体制が整っていないこと、未来に希望が持てないことなどが理由にあげられます。また、高齢者世帯や単身世帯も増えています。

Q À quelles occasions se réunissent les membres de la famille ?
家族や親戚はどんな機会に集まりますか？

R Quand on ne vit pas trop loin, on se réunit pour fêter un anniversaire, la fête des mères, la fête des pères, la fête des personnes âgées ou la fête des enfants. Même si les proches vivent loin, à la fin de l'année et au Nouvel An, et à *obon* (fête des ancêtres en août), il est d'usage de prendre quelques jours de congé pour aller voir ses parents. On se réunit également à l'occasion d'un mariage ou d'une cérémonie à la mémoire d'un proche.

そう遠くないところに住んでいれば、誰かの誕生日、あるいは母の日、父の日、敬老の日、こどもの日といった行事をきっかけに集まります。また遠方に住んでいる場合でも、年末年始と、祖先の霊をまつる8月のお盆に、数日間の休暇を利用して帰省する習慣があります。結婚式や法事でも親類が集まります。

37 Les parents et les enfants
親 子

Q) Dans l'éducation de leurs enfants, à quoi les parents japonais accordent-ils le plus d'importance ?

子供の教育に関して、日本の親がもっとも重視することは何ですか？

R) Quand les enfants sont tout petits, ils mettent l'accent sur tout ce qui est à la base des relations humaines : saluer, être aimable avec ses camarades et bien se comporter en société. Il y a de plus en plus de parents qui considèrent aussi comme un élément très important de l'éducation dès la petite enfance de bien rythmer la vie quotidienne, et surtout de limiter le temps que l'enfant passe à jouer aux jeux vidéo. Au fur et à mesure que l'enfant grandit, à l'école primaire puis au collège, les parents attachent beaucoup plus d'importance au suivi des études et à la réussite aux examens. D'un autre côté, on déplore l'augmentation des parents qui n'éduquent pas bien leurs enfants, la faible présence du père dans la vie familiale, l'absence de repas partagé ou de conversation en famille, etc.

　子供が小さいうちは挨拶をする、友だちと仲良くする、人前できちんとふるまうなど、人間関係の基礎を身につけることです。生活のリズムをつけること、とくに電子ゲームで遊ぶ時間の制限を守ることも、幼児期からのしつけの大事な要素と考える親が増えています。小学生、中学生と年齢が上がるにつれて、生活習慣よりも学習習慣、そして受験勉強が大きな関心事となります。けれども一方では、家庭でしつけができていないこと、父親の存在が希薄になっていること、家族で食事をしたり会話をしたりする機会が少ないことなどが問題になっています。

Ⓠ Quand est-ce que les enfants quittent le domicile familial ?

子供が親の家を出るのはいつでしょう？

Ⓡ La première occasion est la fin des études secondaires, à 18 ans. La plupart de ceux qui partent vont travailler ou poursuivent leurs études à l'université loin de leur famille. Toutefois, ceux qui restent dans leur région continuent en général à vivre chez leurs parents pour travailler ou pour faire des études. Au Japon, on est majeur à 20 ans, mais il est question d'abaisser l'âge à 18 ans.

最初のきっかけは、高校を卒業する18歳でしょう。その多くは就職や進学で故郷を離れる人です。でも地元に残るなら、実家から仕事や学校に通うのが普通です。なお、日本の成人年齢は20歳ですが、18歳への引き下げが検討されています。

Ⓠ Deviennent-ils aussi autonomes financièrement ?

経済的にも自立するのですか？

Ⓡ S'ils poursuivent leurs études à l'université ou dans une école spécialisée, ils reçoivent souvent une aide financière de la part de leurs parents pour les frais de scolarité et les dépenses quotidiennes. Il existe des prêts d'études, mais presque pas de bourses d'études sans obligation de remboursement. Et un job d'étudiant à lui seul permet difficilement le financement de toutes ces dépenses.

大学や専門学校に進学する場合、たいていは学費や生活費を親に援助してもらいます。貸与奨学金はありますが、返還不要のものは少ないのです。アルバイトだけですべてをまかなうのは難しいようです。

Q Est-ce qu'ils deviennent complètement indépendants lorsqu'ils entrent dans la vie active ?

社会人になったときに完全に独立するわけですね？

R Pas forcément. Même lorsqu'ils commencent à travailler, un certain nombre d'entre eux font le trajet chaque jour entre la maison parentale et le travail. Le loyer et les dépenses quotidiennes sont élevés par rapport au montant des salaires. Cela explique cette tendance.

そうとはかぎりません。就職しても、実家から仕事先へ通う人は少なからずいます。収入の割に住居費や生活費が高いことが、こうした傾向の背景といえるでしょう。

Q Que se passe-t-il lorsqu'ils se marient ?

結婚するとどうですか？

R Autrefois, avec l'influence de la pensée confucéenne, il était fréquent de cohabiter avec les parents âgés afin de veiller sur eux. Aujourd'hui, cependant, les enfants qui se marient quittent généralement la maison parentale pour aller s'installer dans leur propre domicile.

昔は儒教思想の影響で、高齢の親と一緒に住み面倒を見るのが普通でした。でも今では、結婚してからは親と別居するのが一般的です。

38 Le couple

夫　婦

Q On dit que les gens mariés ne passent pas beaucoup de temps ensemble...

日本では夫婦だけで時間を過ごすことは少ないと聞きましたが。

R C'est vrai. Il semble qu'en France le mari et la femme ne vivent pas séparés longtemps. De plus, le couple sort ou voit des amis ensemble. Mais au Japon, beaucoup de maris vivent seuls dans un endroit éloigné pour leur travail. Et il arrive souvent qu'on sorte ou parte en voyage seul avec ses propres amis. Chacun garde pour soi ses relations amicales et professionnelles. Et puis, quand les enfants sont petits, on préfère consacrer son temps à la famille. On n'a pas tellement l'habitude de sortir en laissant les enfants chez des amis ou en les confiant à une baby-sitter.

そのとおりです。フランスでは、夫婦が長いあいだ離れて過ごすことはあまりないようですね。それに、夫婦単位で人とのつきあいや外出をしますよね。でも日本では夫の単身赴任は普通です。また外出や旅行もそれぞれの友人とすることがよくあります。それぞれが自分だけの友人や仕事上の人間関係を持っているのです。それに子供が小さいうちは、むしろ家族そろって過ごすことが優先されます。子供をベビーシッターや友人に預けて大人だけで外出する習慣は、一般的ではありません。

Q Est-ce que le mari s'occupe beaucoup des enfants et participe activement aux travaux ménagers ?

夫は家事や育児を積極的に行いますか？

R Non. En général, la charge revient plus souvent à la femme qu'au mari, même si elle travaille autant. Le résultat d'une enquête faite en 2008 montre que la durée moyenne du temps consacré par le mari aux tâches ménagères et aux enfants était de moins d'une heure par jour. Quant au temps consacré par la femme japonaise à ces tâches, il était le plus long parmi les pays développés.

いいえ。家事・育児の分担は、たとえ妻が夫と同じくらい働いていたとしても妻に偏りがちなのが実情です。2008年の調査では、子供がいる世帯の夫が家事・育児にかける時間は、一日平均で1時間にも満たないという結果が出ています。一方、女性の家事・育児時間は他の先進国よりも長いのです。

Q Cela veut dire que les rôles assurés par le mari et la femme sont bien distincts ?
夫婦の役割分担がはっきりしているのですね ?

R Oui. La tradition voulait que l'homme aille travailler et que la femme reste à la maison pour s'occuper de la famille. Il est encore courant que le mari ne s'intéresse pas à ce qui se passe quotidiennement chez lui. C'est souvent la femme qui décide de l'orientation de l'économie domestique ou de l'éducation des enfants. De nos jours, cependant, ce partage des rôles commence à changer.

はい。日本では長いこと、夫が外で働き、妻は専業主婦として家を守るという考え方が支配的でした。家庭で起きる日常的な出来事の詳細に関知しない夫はいまだに多いようです。家計や育児方針の裁量権が妻にあることも珍しくありません。とはいえ、そうした伝統的な役割分担が少しずつ揺らぎはじめていることは事実です。

39 Le mariage et le divorce
結婚と離婚

Q À partir de quel âge environ est-ce qu'on se marie ?
結婚する年齢は何歳くらいですか？

R En 2009, on se mariait pour la première fois en moyenne à 30,4 ans pour les hommes, et à 28,6 ans pour les femmes. Il y a une tendance claire à se marier de plus en plus tard.

平均初婚年齢は、2009年の時点で男性が30.4歳、女性が28.6歳でした。晩婚化の傾向は明らかです。

Q Pourquoi se marie-t-on de plus en plus tard ?
晩婚化の理由は何でしょう？

R Même si à peu près 90 % des célibataires souhaitent se marier, beaucoup n'arrivent pas à trouver le (la) partenaire idéal(e). La plupart des jeunes femmes sont moins pressées de se marier, parce qu'elles trouvent un sens à leur vie grâce à leur travail et à leurs loisirs. De plus, pas mal de jeunes hommes semblent hésiter à fonder une famille à cause de leur situation instable.

9割前後の未婚者に結婚志向はあるものの、なかなか理想的な相手とめぐり合わないと考える人が多くいます。また多くの女性が仕事や趣味に生きがいを感じて結婚を焦らなくなっています。それに、収入が不安定で家庭を持つことをためらう男性も少なくないようです。

Q J'ai entendu parler d'entremetteurs pour les mariages au Japon...
日本では結婚の仲介をする人がいると聞きましたが。

R C'est vrai qu'avant, les proches ou les amis arrangeaient les mariages en tant qu'« entremetteurs » (*nakodo*). Ils organisaient des rencontres (*omiai*) pour les jeunes en âge de se marier et assistaient à tous les rites qui concernaient le mariage. Même pour un mariage d'amour, un couple (celui d'un supérieur dans le travail ou d'un ancien professeur et sa femme) jouait, pour la forme, le rôle de *nakodo*. Mais aujourd'hui, la coutume de faire appel à un intermédiaire est passée à 1 % dans la région de Tokyo, et à 2 % dans le Kyushu où le taux est le plus fort. Il y a de moins en moins de mariages arrangés.

たしかに以前は、親戚や知人が夫婦で「仲人」として結婚を整えるのが普通でした。年頃の男女のお見合いを世話し、結婚にまつわる一連の儀式に立ち会っていたのです。恋愛結婚の場合でも上司や恩師の夫婦が形式的に仲人役を務めていました。ところが今では仲人をたてることは少なくなり、首都圏で約1％、もっとも多い九州地方でも約2％にまで減っています。見合い結婚の数は激減しているのです。

Q Où peut-on faire des rencontres pour se marier ?
結婚相手はどこで見つけるのですか？

R On se marie avec un(e) collègue de travail dans 30 % des cas. Mais maintenant, il y a de plus en plus de rencontres faites grâce aux amis ou aux frères et sœurs qui présentent un(e) ami(e). Mais on n'a pas autant d'occasions qu'en France de rencontrer quelqu'un lors d'une soirée ou quand on part en vacances. La recherche active d'un(e) conjoint(e), le « *konkatsu* » (souvent une soirée spécialement prévue pour les célibataires), est devenue un phénomène de société.

職場結婚は3割ありますが、出会いのきっかけとしては友人や兄弟姉妹からの紹介が増え、職場での出会いを抜きました。ただしフランスほどパーティや長期休暇中に新しい出会いがあるわけではありません。結婚に結びつくような相手を探す「婚活」（独身者のためのパーティなど）が、社会現象にもなっています。

⟨Q⟩ Et les divorces ?
離婚はどうでしょう？

R Le taux de divorces a augmenté chaque année de 1990 à 2002, l'année où il a atteint environ 2,3 couples sur 1000 habitants. Le taux a ensuite baissé pour se stabiliser à 2 en 2010. Au tribunal des affaires familiales, 70 % des demandeurs de divorce sont des femmes. Pour les deux sexes, le motif le plus courant de divorce est la mésentente. Les femmes se plaignent souvent de violence conjugale, de liaisons extraconjugales ou de harcèlement moral. Les divorces après moins de quatre ans de mariage sont très fréquents, mais cette proportion ne représente qu'un tiers de la totalité des divorces et a tendance à diminuer. Depuis 1995, les divorces après plus de 20 ans de mariage représentent toujours environ 15 % du total. La procédure de divorce est beaucoup plus simple qu'en France, mais il est plus difficile qu'en France de trouver un(e) nouveau (nouvelle) partenaire, surtout quand on a des enfants.

　離婚率は1990年以降上昇し、2002年には1000人につき2.3組近くになりました。それ以降はやや減少し、2010年にはおよそ2組でした。家庭裁判所に離婚の申し立てを行った人の7割が女性です。理由として、男女ともに一番多いのは性格の不一致です。女性の場合、夫の暴力や異性関係、精神的虐待を訴えるケースが多く見られます。結婚後4年未満での離婚が最多ですが、その割合は全体の3分の1と減少傾向にあります。1995年以降は、20年以上の婚姻期間を経てからの離婚が15％台を保っています。離婚の手続きはフランスよりはるかに簡単ですが、とくに子供がいる場合、新しいパートナーを見つけるのはフランスほど簡単ではありません。

40 De la fiancée à l'épouse
婚約から結婚まで

Q Qu'est-ce que le *hanayome-shugyo* ?
花嫁修業とは何ですか？

R C'est la préparation des jeunes filles au mariage. Elles apprennent les connaissances nécessaires à la vie d'une femme mariée. Autrefois, on considérait qu'en se mariant, les femmes « entraient dans la famille du mari ». Il était alors indispensable d'apprendre les bonnes manières et divers arts pour ne pas se déshonorer ni se faire reprocher un manque de politesse ou de culture.

結婚を控えた女性が、結婚に向けてする準備を指します。既婚女性としてのたしなみを身につけるということです。かつての日本では女性は結婚すると「相手の家に入る」と考えられていたため、嫁ぎ先で恥をかいたり失礼をしたりしないように、婚前に礼儀作法やさまざまな技を学びました。

Q Qu'est-ce qu'elles apprenaient ?
具体的にはどんなことですか？

R Avant, elles apprenaient surtout les arts de la vie quotidienne : l'art d'arranger les fleurs, l'art de servir le thé ou la cuisine. Elles devaient savoir décorer de fleurs de saison le vestibule et l'alcôve du salon, le *tokonoma*, bien recevoir les invités en leur servant du thé vert *matcha* avec le cérémonial voulu, régaler le mari et la famille avec un bon repas. Il ne s'agissait pas seulement de maîtriser les techniques mais d'apprendre l'essence de l'art de recevoir. Elles apprenaient aussi la couture ou les arts traditionnels : la calligraphie, le *koto*, le *shamisen* ou la danse japonaise.

以前は、華道、茶道、料理など日常の生活技術を身につけることが中

心でした。たとえば玄関や床の間に季節の花を飾り、来客は抹茶をたててもてなし、夫や家族にはおいしい料理をふるまうことができるようにです。それらは単に技を学ぶだけではなく、人をもてなす心を学ぶことでもありました。その他、裁縫や書道、琴や三味線、日本舞踊などといった伝統的な日本の芸事なども花嫁修業の一部でした。

Ⓠ Tout cela semble bien désuet. Est-ce que le *hanayome-shugyo* se pratique toujours ?

ずいぶん古めかしいような気がします。現在でも花嫁修業があるのですか？

Ⓡ Beaucoup moins. Le *hanayome-shugyo* d'aujourd'hui consisterait plutôt à suivre des leçons de cuisine ou d'arrangement de fleurs à l'occidentale, ou bien encore de langues étrangères (surtout la conversation en anglais) ou de golf, suivant le goût et le travail du futur mari.

あまりしなくなりました。現代の花嫁修業は、料理教室に通ったり、華道よりはフラワーアレンジメントを習ったり、また結婚相手の趣味や職業によっては外国語の習得（とくに英会話）やゴルフということになるでしょうか。

41 La cérémonie du mariage
結婚式

Q Comment se déroule la cérémonie du mariage au Japon ?

日本の結婚式はどんなふうに行われますか？

R En général, le mariage se déroule en deux étapes : on organise d'abord une cérémonie privée où l'on invite sa famille et ses amis les plus proches, ensuite une réception plus importante avec plus d'invités et où l'on offre un banquet. Parfois aussi, juste après la réception ou plus tard, on invite tous les amis qui n'y ont pas assisté pour une fête plus décontractée.

親族やごく親しい友人を招いて行う狭義の結婚式と、もう少し多くの人を招いて食事をふるまう結婚披露宴との2段階で行われるのが一般的です。披露宴の直後あるいは後日あらためて、披露宴に呼びきれなかった若い世代の友人を大勢招いて2次会を開催することもあります。

Q La cérémonie est-elle une cérémonie japonaise traditionnelle?

結婚式は日本の伝統にしたがっていますか？

R Non. Plus de 60 % des cérémonies suivent les rites chrétiens. La cérémonie traditionnelle est shintoïste ou, beaucoup moins souvent, bouddhique. Il y a aussi des mariages civils qui n'ont aucun rapport avec la religion : c'est une cérémonie où les mariés prêtent serment devant tous les invités qui jouent le rôle de témoins. Dans presque tous les cas, la mariée porte une robe blanche, mais traditionnellement elle porte un *uchikake*, somptueux *kimono* destiné à la cérémonie de mariage, et une coiffe blanche *tsuno-kakushi*. Le marié porte généralement une jaquette ou un smoking, mais il y a aussi une tenue traditionnelle décorée avec le blason de la famille.

いいえ。キリスト教式が6割を超えます。伝統的な結婚式は神前式、そして数はずっと少なくなりますが仏式です。宗教とは関係なく、招待客全員を立会人として結婚を誓う人前式もあります。ほとんどの場合、新婦は白いウェディングドレスですが、伝統的な式では打ち掛けという結婚式のための豪華な着物を着ます。頭には白い角隠しをかぶります。新郎はたいていモーニングやタキシードを着ますが、紋付羽織袴の伝統的な服装のこともあります。

Q **Alors les cérémonies chrétiennes sont nombreuses !**
キリスト教式が多いですね！

R En fait, les mariés qui choisissent la cérémonie chrétienne ne sont pas tous croyants. La plupart des Japonais choisissent cette cérémonie pour son élégance ou pour l'image qu'elle reflète. Lorsque les mariés ne sont pas croyants, ils reçoivent des cours de la part du prêtre ou du pasteur avant le jour de la cérémonie.

実際は、キリスト教式を選ぶカップルがかならずしも信者というわけではありません。多くの人がキリスト教式を選ぶのは、おしゃれな感じで、結婚式のイメージに合うからでしょう。信者でない場合には、式の当日より前に神父または牧師から講習を受けることになります。

Q **Où est organisée la réception de mariage ?**
結婚披露宴はどこで行うのですか？

R Environ 30 % des réceptions de mariage sont organisées dans un hôtel et environ 30 % dans une salle réservée aux cérémonies de mariage. Les « Guest-house », qui offrent un cadre plus personnalisé, suivent avec 20 % des réceptions. Réserver un restaurant est aussi à la mode.

結婚披露宴の会場は、ホテルが約3割、専門の結婚式場が約3割です。これにプライベートな雰囲気の「ゲストハウス」が約2割で続きます。レストランの貸し切りも人気があります。

Q Comment se déroule la réception ?
披露宴はどんなものですか？

R La réception commence par les allocutions des invités d'honneur. Puis, pendant le repas, on écoute des discours ou des chansons des invités. Il y a environ 70 invités en moyenne qui se réunissent dans la salle de réception. Les jeunes mariés, après avoir coupé la première part du gâteau de mariage, passent entre les tables des invités pour se présenter. On passe souvent des diaporamas de photos ou de vidéos sur l'enfance ou la rencontre des jeunes mariés. En général, la jeune mariée quitte sa place pour se changer au cours de la fête. La réception se termine quand les nouveaux mariés présentent leurs remerciements à leurs parents.

披露宴は主賓の挨拶から始まります。そして会食をしながら、招待客によるスピーチや歌などを聞きます。披露宴の招待客は平均70名程度です。新郎新婦はウエディングケーキにナイフを入れたあと、各テーブルをまわって挨拶をします。ふたりの生い立ちや出会いを紹介する写真またはビデオを上映することもよくあります。たいてい新婦は中座してお色直しをします。新婚夫婦が両家の親に感謝を表して終わります。

Q Tout cela doit coûter très cher !
ずいぶんお金がかかるでしょうね！

R Oui, en effet. C'est pourquoi chaque invité offre de l'argent en guise de cadeau. Il décide de la somme en fonction de son âge, de sa situation et de sa relation avec les mariés. Il place des billets neufs dans une enveloppe de félicitations, puis il la dépose à l'accueil le jour du mariage. En remerciement, il reçoit un cadeausouvenir de la part des jeunes mariés avant de rentrer.

　たしかにそうです。そこで、参列者は贈りもののかわりにご祝儀を渡します。年齢、地位、新郎新婦との関係などに見合った額を新札で用意し、祝儀袋に入れて当日受付で渡すのです。新郎新婦からの返礼として、帰りに引出物が贈られます。

42 Les salariés
サラリーマン

Q: Racontez-moi la journée d'un salarié japonais moyen.

日本の平均的なサラリーマンの一日を紹介してください。

R: Cela varie bien sûr d'une personne à l'autre et aussi d'une génération à l'autre. Cela dit, la journée d'un salarié japonais moyen débute souvent par un trajet de plus d'une heure dans un train de banlieue bondé. S'il a la chance de trouver une place assise, il peut lire un journal ou rattraper du sommeil. Il travaille de 9 heures à 5 heures avec une heure de pause à midi, la durée légale du travail étant fixée à 40 heures par semaine (8 heures par jour).

もちろん人や世代によってちがいますが、ともかく日本の平均的なサラリーマンの一日は、郊外から都心まで1時間以上の道のりを混んだ電車に揺られるところから始まります。運よく座れた場合には、新聞を読んだり眠ったりします。勤務時間は午前9時から午後5時までで昼休みは1時間、法定労働時間は週40時間(一日8時間)です。

Q: Vous travaillez 5 heures de plus qu'en France.

フランスより5時間多いですね。

R: Oui. En 2010 la durée annuelle de travail était en moyenne de 1 733 heures, c'est-à-dire 170 heures de plus qu'en France. On travaillait pourtant environ 400 heures de moins qu'en 1988.

はい。2010年の年間労働時間の平均は、1733時間で、フランスより170時間多いです。それでも1988年と比べると400時間減っています。

◆Q◆ Il arrive au salarié de faire des heures supplémentaires ?

残業はありますか？

◆R◆ Oui. En fait, il est rare qu'un salarié moyen sorte de son travail à 5 heures. Certaines entreprises réservent un ou deux jours par semaine où il est interdit de faire des heures supplémentaires, dans le but d'améliorer la santé des employés, d'économiser l'énergie ou de réduire le paiement des heures supplémentaires. Pourtant les heures supplémentaires non payées existent toujours, ainsi que le problème de « *karoshi* », la mort subite de cadres ou d'employés du fait de l'excès de travail.

はい。実は5時にはまず帰れません。社員の健康増進、省エネ、あるいは残業代カットが理由で、1週間のうち1〜2日のノー残業デーを設けるようになった企業もあります。それでも残業代が支払われない、いわゆる「サービス残業」がなくなったわけではなく、管理職や一般社員が過剰労働のために突然死亡する「過労死」の問題も残っています。

◆Q◆ Rentre-t-il tout de suite chez lui quand il termine son travail assez tôt ?

仕事が早く終わった日は、すぐに家へ帰りますか？

◆R◆ Pas forcément. Il peut assister à une fête de bureau ou aller boire avec ses collègues. Il peut aussi suivre des cours d'anglais par exemple, ou aller faire du sport dans un club de gym.

そうとはかぎりません。職場の懇親会のほか、同僚たちとの飲み会が入ることもあります。英会話などの習い事や、スポーツクラブに通う場合もあります。

第6章
社会

La société

43 L'espérance de vie
平均寿命

Q Les japonais ont-ils une longue espérance de vie ?
日本人の平均寿命は長いですか？

R Oui. En un demi-siècle, de 1950 à nos jours, le Japon est devenu un des pays où l'on vit le plus longtemps. En 2009, l'espérance de vie pour les femmes était de 86,44 ans, et de 79,59 ans pour les hommes. Surtout pour les femmes, le Japon a été au premier rang depuis le milieu des années 80 jusqu'en 2009. Cela veut dire que les femmes vivent 18 ans de plus, et les hommes 15 ans de plus qu'il y a 50 ans.

はい。1950年から半世紀の間に、日本は世界でも有数の長寿国になりました。2009年の女性の平均寿命は86.44歳、男性は79.59歳でした。とくに女性は、1980年代半ばから2009年まで世界1位を守っていました。半世紀の間に女性でおよそ18年、男性も15年延びた計算です。

Q Quelles sont les raisons de cette augmentation de l'espérance de vie ?
平均寿命が延びた理由は何ですか？

R On peut citer l'amélioration du niveau de vie et les progrès dans le domaine de l'hygiène (réseau d'eau potable et d'égouts) et de la médecine. Le Japon est aussi l'un des pays où on peut espérer vivre le plus longtemps en bonne santé.

生活水準が上がったこと、(上下水道の普及で)衛生状態が改善したこと、そして医療技術が進歩したことです。病気やけがで健康を損なわずに暮らせるという健康寿命も、日本は世界トップレベルです。

Q Quels sont les principales causes de décès ?
現在もっとも大きな死因は何ですか？

R Les trois grandes causes de décès sont le cancer, les accidents vasculaires cérébraux (AVC) et les maladies cardiaques. Depuis 1981, c'est le cancer qui vient en premier et un tiers des personnes meurent de cette maladie. Le cancer et les maladies cardiaques ont tendance à augmenter, mais l'AVC diminue et occupe le même rang que la pneumonie. Les décès causés par les accidents de la circulation diminuent grâce à l'obligation du port de la ceinture de sécurité et aux mesures pour lutter contre l'alcool au volant.

3大死因は癌、脳血管疾患、心臓疾患です。1981年以来死因の第1位を占めているのは癌で、3人に1人が死亡しています。癌とともに心臓病も増加傾向にありますが、脳卒中は減ってきて、肺炎と並んでいます。交通事故死者数は、シートベルト着用義務化や飲酒運転の取り締まり強化の効果もあって減少しています。

Q Le Japon connaît-il le vieillissement démographique ?
日本の社会は高齢化していますか？

R Oui. Le vieillissement s'amplifie rapidement. En 2008, le pourcentage des personnes âgées de plus de 65 ans a dépassé pour la première fois 21 %. En 2030, ce pourcentage sera supérieur à 31 %.

はい。高齢化は急速に進行しています。2008年には65歳以上の高齢者が初めて総人口の21％を超えました。2030年には31％を超える見こみです。

44 Les personnes âgées
高齢者

Q Est-ce qu'on respecte les personnes âgées ?
高齢者は敬われていますか？

R Oui et non. Autrefois, les personnes âgées étaient honorées parce qu'elles transmettaient les connaissances et les savoir-faire. On pensait que plus on était âgé, plus on croissait en sagesse et on les respectait pour cette raison. Il faut aussi noter l'influence du confucianisme. Cependant, aujourd'hui, avec le changement des modèles de famille et de société, le rôle qu'elles y jouent est devenu moins important. C'est sans doute la raison pour laquelle on respecte moins les personnes âgées.

どちらともいえません。昔、老人は知識や経験を伝える貴重な存在でした。年をとればとるほど賢くなるとされていたので、老人が敬われていました。これには、儒教の敬老の思想も影響していると思われます。けれども現代では、家族形態や社会の変化とともに、老人の役割は薄れてきました。おそらくそのために敬老の精神が失われてきているようです。

Q Avec qui vivent les personnes âgées ?
高齢者は誰と一緒に住んでいますか？

R 40 % des ménages au Japon incluent au moins une personne de plus de 65 ans. Dans la moitié de ces ménages, les personnes âgées vivent seules ou en couple. En 1980, la moitié des ménages japonais comprenaient trois générations, mais de nos jours, seulment un cinq est dans ce cas. Le nombre de personnes âgées qui veulent vivre avec leurs enfants et leurs petits-enfants continue aussi à diminuer et selon des sondages de 2005, il ne représente plus qu'un tiers de l'ensemble. Beaucoup de personnes âgées préfèrent voir leurs enfants et petits-enfants seulement de temps en temps pour se parler ou prendre un repas ensemble.

65歳以上の高齢者がいる世帯は全体の4割です。そのうち半数以上が単身か夫婦のみで暮らしています。1980年に半数を占めていた3世代同居は、今では5分の1ほどになりました。子や孫といつも一緒に生活がしたいと考える高齢者も減少を続け、2005年の調査では全体の3分の1となっています。ときどき会って食事や会話をする程度がよいと考える高齢者のほうが多いのです。

Ⓠ Comment se passent l'aide et l'assistance aux personnes âgées ?

高齢者介護はどのように行われていますか？

Ⓡ Les ressources financières et humaines manquent déjà et la situation s'aggravera à cause de l'allongement de l'espérance de vie et de la diminution de la fécondité. Lorsque la personne qui a besoin d'aide vit à domicile, elle peut faire appel à des aides-ménagères ou passer la journée dans un établissement spécialisé, mais les frais ne sont pas négligeables. Les aides-soignants qualifiés manquent aussi. On peut dire que la structure d'assistance est loin d'être parfaite. En conséquence, dans les deux tiers des cas la charge revient aux membres de la famille, surtout à la femme, la belle-fille ou la fille. Les cas où une personne elle-même âgée doit s'occuper d'un(e) conjoint(e) âgé(e) augmentent aussi. On doit faire face à de nombreux problèmes comme par exemple les arrêts de travail ou la fatigue psychologique de ceux qui s'occupent des personnes âgées.

財源も人材もすでに不足していますが、少子高齢化の進行によって事態はますます深刻になるでしょう。介護の必要なお年寄りが自宅で暮らすには、ホームヘルパーやデイサービスを利用することもできますが、

家庭の費用負担はとても大きくなります。また専門介護者も不足しています。これでは万全の体制とはいえません。おもに介護を担当するのは、およそ3分の2のケースで同居の家族で、ほとんどが妻、息子の嫁、あるいは娘です。老老介護も増えています。介護のための退職、介護者の精神的負担など、問題は少なくありません。

45 L'environnement

環　境

Q Est-ce que les Japonais s'intéressent aux problèmes écologiques ?

日本人は環境問題を意識していますか？

R Oui. Le terme « *eko* (éco) » est entré dans la langue et des campagnes sont menées pour préserver les ressources naturelles. Par exemple, on doit strictement respecter le tri des déchets ménagers : les déchets combustibles et les déchets non combustibles. Un certain nombre de collectivités locales ramassent séparément les déchets recyclables comme le plastique, les bouteilles en verre, les boîtes de conserve, le papier, le tissu, etc. Les jours de congé, on voit souvent dans des parcs des marchés aux puces où les gens vendent des vêtements ou des objets encore en bon état. On échange aussi des objets qu'on n'utilise plus par l'intermédiaire d'Internet.

はい。「エコ」という言葉が定着し、とくに資源を大切にしようという運動が広まっています。たとえば、家庭でも可燃ゴミ、不燃ゴミの分別を徹底するほか、プラスチック、ビン、缶、紙、布等の資源回収も多くの自治体で実施されています。休日の公園などでは、まだ使える衣服や物品を個人が出品するフリーマーケットもよく見ます。インターネットも不要になったものの交換の場として活用されています。

Q Que fait-on contre le réchauffement climatique ?

温暖化対策としてはどのようなものがありますか？

R Des campagnes sont menées pour l'utilisation de *eko-baggu* (sac réutilisable) au lieu des sacs en plastique des magasins. On encourage à acheter des appareils ménagers qui consomment moins d'électricité et les constructeurs de voitures sont en train de développer des véhicules hybrides ou électriques. En ce qui concerne les bâtiments, les gens s'intéressent de plus en plus à *eko-hausu*, c'est-à-dire des maisons équipées de panneaux solaires ou des maisons conçues pour diminuer l'utilisation de l'énergie. Les fabricants font des efforts pour vendre la lessive, les produits alimentaires, les produits de beauté, les fournitures de bureau et d'autres produits, dans des récipients réutilisables.

　商店のビニール袋のかわりに、「エコバッグ」を持とうというキャンペーンがあります。消費電力の少ない電化製品を買うことが奨励され、ハイブリッド車や電気自動車の開発も進んでいます。建物に関しては、太陽光発電装置のほか、エネルギー消費を抑えるためのさまざまな工夫をした 「エコハウス」が関心を集めています。また洗剤、食品、化粧品、文具などの容器を再利用できるように、販売方法もいろいろ工夫されています。

Ⓠ **Que fait-on concrètement à la maison et au travail ?**
企業や家庭ではどうでしょう？

Ⓡ On s'efforce de couper systématiquement le contact lorsqu'on ne se sert pas d'un appareil électrique et de mieux adapter la température de la climatisation. Pour faire face à la forte chaleur et à l'humidité de l'été japonais, les entreprises acceptent que les employés s'habillent plus léger suivant la mode du « *cool-biz* (cool-business) », par exemple sans cravate ni veste, en chemise à manches courtes, etc. On installe des stores ou on cultive des plantes grimpantes devant les fenêtres ensoleillées, on arrose d'eau les rues. En hiver, les gens réduisent de plus en plus la température du chauffage. Des sous-vêtements qui gardent la chaleur ont été lancés sur le marché et ils se vendent très bien.

こまめに電源を切る、冷暖房の設定温度を適正化する、といった取り組みが進められています。日本特有の蒸し暑い夏を乗り切るための対策として、企業ではたとえば半袖シャツでネクタイも上着もなしというように、夏季の服装を簡略化する「クール・ビズ」が定着してきました。日のあたる窓にすだれを下げたり、つる性の植物を植えたり、あるいは道に打ち水をしたりといった工夫も見られます。逆に冬は暖房の設定温度を控えるようになりました。機能的な保温下着が考案され、とてもよく売れています。

46 Le logement
住　宅

Q Quelle est la superficie d'une habitation japonaise ?
日本の住宅の広さはどのくらいですか？

R La moyenne nationale est d'environ 90 m² par habitation, mais en ville elle est de moins de 80 m². Surtout à Osaka, dans les 23 arrondissements de Tokyo et à Kawasaki, la moyenne est d'environ 60 m². Si on ne regarde que les appartements en location de Tokyo, la superficie moyenne est de moins de 50 m².

　全国的に見ると1戸あたり面積の平均は約90m²ですが、都市部を中心に80m²を下まわる傾向が見られます。なかでも大阪市、東京都区部、川崎市では、60m²前後となっています。また東京の賃貸住宅にかぎって見てみると、平均面積は50m²を切ります。

Q Quels sont les prix ?
価格はどうですか？

R En 2009, malgré une période où les prix étaient en baisse, un appartement neuf de 70 m² à Tokyo coûtait en moyenne 61,32 millions de yens. Cela représente 10 fois le revenu annuel moyen d'un Tokyoïte. La moyenne nationale est de 26,4 millions de yens, une somme qui équivaut à 6 fois le revenu annuel moyen au Japon.

　2009年の東京における70m²の新築マンション平均価格は、マンション価格の低下にもかかわらず6132万円でした。これは実に都民の平均年収の10年分にあたります。全国平均では2640万円になりますが、やはり国民平均収入の6年分が必要です。

Q Ces appartements qui sont si chers se vendent bien, n'est-ce pas ?
それほど高くても都会の住宅に人気があるのですね？

R Oui. Comme le nombre de personnes dans un ménage diminue et que celui des ménages de personnes âgées augmente, les appartements en ville ou près d'une gare, plus pratiques pour aller au travail, à l'école, ou pour faire les courses, ont du succès.

はい。1世帯あたりの人数が減ったり高齢者世帯が増えたりして、通勤通学や買い物に便利な都心部や駅に近いマンションの人気が高まっているのです。

Q Est-ce qu'un salarié ordinaire peut s'acheter un logement ?
普通のサラリーマンでも家を買うことはできますか？

R D'après un sondage de 2008, 51,5 % des ménages au Japon étaient propriétaires de leur logement. C'est à Tokyo que le pourcentage est le plus bas avec 44,6 %. Beaucoup de personnes empruntent une grande partie de la somme à la Caisse nationale du crédit foncier, à une banque ou à l'entreprise dans laquelle ils travaillent. Il n'est pas rare que les gens prennent un crédit de 35 ans.

2008年の調査では、全国で51.5％の家庭が住宅を所有しています。ただし東京都区部ではその割合はもっとも低く、44.6％です。多くの人は費用の大部分を住宅金融支援機構、銀行、自分の勤める企業などから借ります。35年間かけるローン返済プランを組むことも珍しくありません。

Q Et qu'est-ce qu'il y a comme logements à louer ?
家を借りるとしたらどんなものがありますか？

R Le loyer des logements construits par les sociétés publiques ou par les municipalités est relativement bon marché, mais ces logements sont assez rares et ils se ressemblent tous. Ceux construits par des constructeurs privés sont plus chers mais la surface et les équipements sont très variés. Avant, il y avait de nombreux logements à loyer avantageux mis à la disposition des employés par l'employeur. Ces logements ont tendance à disparaître à cause de la réduction des budgets des entreprises.

公社や都市機構の共同住宅は比較的安く借りられますが、数がかぎられているうえ画一的です。民間のマンションや貸家は広さも設備もさまざまですが割高になります。かつては格安の社宅や社員寮も多く見られましたが、企業のコスト削減のために廃止される傾向にあります。

47 Les femmes
女性

Q Quel est le pourcentage des femmes qui travaillent ?
働く女性の割合はどのくらいですか？

R En 2005, les femmes représentaient 40 % des travailleurs. 60 % des femmes entre 15 ans et 64 ans et la moitié des femmes mariées travaillaient. Cependant, lorsqu'elles ont un enfant de moins de 3 ans, le pourcentage diminue à moins de 30 %. Un tiers des femmes qui travaillent sont des employées à temps partiel.

2005年の調査では就業者のおよそ4割が女性でした。15歳から64歳の女性の6割が、また結婚している女性のおよそ半数が働いていました。しかし3歳未満の子供がいる場合、就業率は3割未満に落ちます。また働く女性のうち3分の1はパートタイムです。

Q Dans la famille, quelle est la situation de la femme ?
家庭での女性の地位はどうですか？

R Les mentalités évoluent. Au début des années 90, 60 % des Japonais étaient partisans du schéma traditionnel de partage des rôles entre hommes et femmes : « l'homme au travail, la femme au foyer ». Mais en 2009, le pourcentage était de moins de 40 %. On a commencé à parler de « l'équilibre entre la vie et le travail » et on encourage les hommes à prendre un congé parental. Mais, en réalité, que la femme travaille ou non, c'est à elle que reviennent les tâches ménagères et l'éducation des enfants.

意識の面では向上しているといえるでしょう。1990年代の初めは日本人の6割が「男は仕事、女は家庭」という伝統的な役割分担を支持していましたが、2009年には4割を切りました。また「ライフ・ワーク・バランス」が話題にのぼるようになり、男性に育児休暇取得を勧める動

きもあります。とはいえ、仕事を持っていようといまいと女性が日常の家事や子供の教育を一手に引き受けるというのが、まだほとんどの家庭の実情です。

Ⓠ Est-ce qu'il y a de la discrimination sexuelle au travail ?
職業上の性差別はありますか？

Ⓡ Malheureusement oui. La discrimination commence au moment de l'embauche et certaines personnes pensent encore qu'il est normal que la femme quitte son travail après le mariage ou la naissance de son premier enfant. En période de récession, ce sont toujours les femmes qui perdent leur emploi les premières. Le choix du travail est aussi plus limité : 85 % des femmes travaillent dans les secteurs des services, la vente et l'industrie. La loi sur l'égalité professionnelle entre les hommes et les femmes est entrée en vigueur en 1986, mais la situation ne s'améliore pas vraiment. Dans l'entreprise, les femmes sont promues moins rapidement que les hommes et peu d'entre elles obtiennent un poste de responsabilité. En ce qui concerne le salaire, la différence entre hommes et femmes diminue peu à peu. En 2008, le salaire des femmes variait entre 50 et 90 % du salaire des hommes.

　残念ながら、あります。女性は就職する際、すでに差別にぶつかりますし、結婚あるいは第1子の出産を機に離職するものだという考えも残っています。経済状況が悪化すると求職が困難になるのも、女性が先です。活動分野もかぎられ、働く女性の85％がサービス業、販売業、製造業に就いています。1986年に男女雇用機会均等法が施行されましたが、状況はなかなか改善されません。企業内での昇進も男性より遅く、役職につく女性はわずかです。他方、男女間の賃金格差は少しずつ縮まる傾向にあります。2008年のデータでは女性の賃金は男性の5〜9割でした。

Ⓠ Quand est-ce que les femmes japonaises ont acquis le droit de vote ?

日本の女性が選挙権を得たのはいつですか？

Ⓡ En 1945, un an plus tard qu'en France. C'est en 1946 que les femmes ont voté pour la première fois et 39 députées ont été élues. Toutefois, même à la fin de l'année 2012, le pourcentage des députées était seulement de 7,9 % à la Chambre des représentants et de 18,2 % à la Chambre des conseillers. Depuis 1989, il est d'usage que les femmes entrent au gouvernement, mais dans la plupart des cabinets, elles ne sont que 2 ou 3.

　フランスより1年遅い1945年です。1946年の総選挙ではじめて女性が投票し、39名の女性議員が当選しました。ところが2012年末の時点でも、女性議員の割合は衆議院でわずか7.9％、参議院で18.2％にすぎません。1989年以降は女性の入閣が普通になっていますが、ほとんどの内閣で女性閣僚はほんの2〜3名です。

48 La crèche
保育所

Q Où vont les enfants avant l'ecole primaire ?
就学前の子供は、どういうところに預けますか？

R Ils vont à la crèche ou à la maternelle. La crèche est un établissement de puériculture où sont gardés les enfants quand les deux parents travaillent, et la maternelle est un établissement éducatif. On préfère aujourd'hui les crèches et on demande de plus en plus qu'elles gardent les enfants plus tard le soir. La maternelle reflète bien la baisse de la natalité car le nombre d'enfants inscrits diminue, et de plus en plus de maternelles ferment. Les Japonais ne sont pas très habitués à faire appel à une baby-sitter et emploient rarement une étudiante pour faire garder leur enfant.

保育所か幼稚園です。保育所は働く両親などに代わって乳幼児を預かる児童福祉施設で、幼稚園は教育施設です。保育所の需要が増し、しかも午後遅くまで子供を預かることが求められるようになりました。幼稚園のほうは少子化傾向を反映して園児数が減り、閉園も増えています。日本ではベビーシッターに頼ることはあまり一般的でなく、子供の世話をする学生アルバイトを雇うこともまずありません。

Q Y a-t-il beaucoup d'enfants qui vont à la maternelle ou à la crèche ?
幼稚園や保育所に通う子供は多いのですか？

R Jusqu'à 2 ans, environ les trois quarts des enfants restent à la maison. À partir de 3 ans, beaucoup d'enfants vont à la crèche et seulement un quart des enfants restent à la maison. À partir de 4 ans, 95 % des enfants vont à la crèche ou à la maternelle. À cet âge, le nombre d'enfants scolarisés en maternelle dépasse celui de ceux qui vont à la crèche.

　2歳までは約4分の3の子供が家庭を中心に育てられます。3歳になると保育所に通う子供が増え、逆にずっと家にいる子の割合は4分の1に減ります。4歳を超えると保育所、幼稚園に通う子供が95％に及びます。そして4歳で、幼稚園に通う子の割合が保育所を抜いています。

◇Q◇ Est-il habituel de garder les enfants très jeunes à la maison ?

　小さい子供は預けないのが普通なのですね？

R Oui. Plus de 90 % des familles ne mettent pas leur enfant à la crèche avant l'âge d'un an. On peut expliquer cela par le fait que les mères préfèrent garder elles-mêmes leur enfant ; la tradition le veut aussi. En fait, environ 70 % des femmes arrêtent de travailler au moment de la naissance. Comme il n'y a pas de système de congés de maternité aménagé pour les employées temporaires, actuellement de nombreuses mères n'ont pas d'autre choix que de quitter leur emploi. Pourtant la notion d'égalité entre hommes et femmes a pénétré dans les mentalités, et pour pouvoir participer aussi à l'économie du ménage, de plus en plus de femmes souhaitent trouver un nouvel emploi.

　はい。0歳児については、保育所に預けない家庭が9割を超えます。その背景には、子供が小さいうちは身近にいて面倒を見たいという母親の希望、あるいは母親たるものそうすべきだという伝統的な考え方があります。実際、7割前後の女性は出産前後に仕事をやめています。現在のところ、非正規雇用者のための産休、育休制度が整備されていないせいで、多くの女性が離職せざるを得ない状況です。それでも男女平等意識が浸透してきたことに加え、家計を助けるためにも、再就職を願う女性は増えています。

Q Est-il difficile pour les femmes qui ont des enfants de reprendre le travail ?

小さな子供のいる女性が仕事を再開するのは難しいですか？

R Oui. Surtout dans les grandes villes, où la capacité d'accueil des crèches est insuffisante alors que la demande de places pour des enfants de moins de 3 ans a beaucoup augmenté. Si on ne peut pas faire garder son enfant, il est difficile de chercher un travail. Il manque des places en crèche même pour les enfants dont la mère reprend le travail après un congé de maternité. Ce manque de structures d'accueil des enfants est un grave problème. Il y a aussi des cas où la femme renonce à travailler lorsque le coût de la crèche dépasse son salaire.

　はい。とくに大都市で、3歳以下の子供を預かる保育所の数が、需要の急増に追いついていません。子供を預けないと就職活動もままなりません。しかしそれ以前に、産休後の職場復帰が決まっている女性の子供の受け入れ枠すら不足しているのです。この待機児童問題は切実です。他方、施設に預けると収入以上の出費になるため、再就職を断念する人もいます。

49 Les étrangers

外国人

Q Est-ce qu'il y a beaucoup d'étrangers qui vivent au Japon ?

日本に住む外国人は多いですか？

R Oui. Depuis la fin des années 80, le nombre des étrangers au Japon a presque doublé en 20 ans. À la fin de l'année 2008, il y avait 2 217 000 étrangers enregistrés. Les plus nombreux étaient les Chinois (29,5 %), puis les Coréens (du Sud et du Nord) (26,6 %), les Brésiliens (14,1 %), et les Philippins (9,5 %). Autrefois les Coréens étaient les plus nombreux, mais leur nombre a diminué pour laisser la place aux Chinois. Le nombre des Français a augmenté jusqu'à 9 347. Il y a aussi des résidents étrangers en situation irrégulière et en 2009, ils étaient 113 000. Le nombre de ces personnes avait diminué de moitié en 5 ans, depuis 2004. Après le tremblement de terre et l'accident nucléaire du 11 mars 2011, beaucoup d'étrangers ont quitté le Japon. À la fin de l'année 2011, on comptait environ 2 079 000 étrangers enregistrés dont 8 423 Français.

はい。在住外国人の数は1980年代末から20年間で、ほぼ倍増しました。2008年末には外国人登録者は約221.7万人でした。もっとも多いのは中国人（29.5％）で、韓国・朝鮮人（26.6％）、ブラジル人（14.1％）、フィリピン人（9.5％）と続きます。以前は圧倒的に多かった韓国・朝鮮人がやや減り、中国人の数が1位になりました。フランス人は増加し、9347人でした。不法滞在の外国人も2009年の時点で11.3万人いましたが、こちらは2004年からの5年間でおよそ半分に減っています。また2011年3月の震災と原発事故のあと、多くの外国人が日本から出国しました。2011年末の外国人登録者数は約207.9万人で、その

うちフランス人は8423人に減少しました。

Ⓠ **Dans quel but les étrangers viennent-ils au Japon ?**
外国人が来日する理由は何ですか？

Ⓡ Beaucoup viennent y travailler. En principe, le gouvernement japonais n'accepte pas les travailleurs étrangers, mais le Japon a besoin de main-d'œuvre bon marché. Alors, on accepte que viennent travailler les descendants issus des émigrants japonais, par exemple du Brésil. Le Japon accueille aussi des « stagiaires techniques » des pays d'Asie comme la Chine ou les Philippines, mais en réalité, ces stagiaires travaillent avec un bas salaire. On rencontre dans les grandes villes beaucoup d'étrangers qui travaillent dans la construction, la vente, la restauration ou d'autres secteurs. Comme dans d'autres pays, il y a aussi des étudiants, des enseignants et des employés d'entreprises étrangères. Il faut noter que la plupart des résidents étrangers permanents sont des Coréens installés au Japon depuis l'époque de la colonisation japonaise.

　多くの人は就業目的で来日しています。原則として日本政府は外国人労働者を受け入れていませんが、日本は安い労働力を必要としています。ですから、たとえば日系ブラジル人のように、日本人移民の家族には働くことを許可しています。また日本は、中国やフィリピンといったアジアの国々から「技術研修生」も受け入れていますが、こうした研修生は安い賃金で働いているのが現実です。また、大都市では建築作業や販売業、飲食業などにたずさわっている外国人を多く見かけます。他の国と同じように留学生、教員、外国企業で働く人々もいます。なお、永住している外国人の多くは、日本の植民地時代から日本に住んでいる韓国・朝鮮人です。

Q Les Japonais sont-ils aimables avec les étrangers ?
日本人は外国人に対して親切ですか？

R La plupart des Japonais sont aimables, surtout avec des Occidentaux. Pourtant dans beaucoup de cas, on les considère comme des « invités ». Même s'il habite depuis longtemps au Japon, il est encore rare qu'un étranger soit intégré à la société japonaise, surtout quand il ne parle pas la langue.

たいていの日本人は外国人、とくに西洋人に対してかなり親切です。でもそれは多くの場合「お客さま」としての扱いです。長いあいだ日本に住んでいる外国人も、とくに日本語ができない場合、社会の一員として受け入れられることはまだ少ないのが現状です。

Q Pourquoi est-il difficile pour les étrangers de s'intégrer à la société japonaise ?
外国人がなかなか日本社会にとけこめないのはなぜでしょう？

R Les Japonais ont toujours vécu en groupes homogènes et ils ne se sont pas encore débarrassés des barrières psychologiques vis-à-vis des étrangers. C'est peut-être l'une des causes de cette situation. Beaucoup de Japonais, lorsqu'ils sont en présence d'étrangers, ne peuvent pas s'empêcher de les considérer comme différents en raison de leur apparence et de leur langue. Comparé à autrefois, les Japonais sont cependant plus ouverts aux personnes et aux cultures étrangères.

均質的な集団に慣れている日本人は、いまだに外国人に対して心理的な壁を持っています。このことが原因のひとつかもしれません。多くの日本人は外国人を前にすると、外見や言葉のちがいも手伝って、相手が外国人であることを強く意識してしまいがちなのです。それでも昔とくらべれば、日本人も外国人や異文化に対して開かれてきています。

50 Les tremblements de terre

地 震

Q Y a-t-il souvent des tremblements de terre au Japon ?

日本は地震の多い国ですよね？

R Oui. Les petites secousses sont fréquentes dans différentes régions. Quant aux séismes d'une magnitude supérieure à 7, il y en a eu une dizaine ces vingt dernières années. En 1995, un grand séisme, le séisme de Hanshin-Awaji, a ravagé la région de Kobe, causant plus de 6 400 morts. Depuis 2000, il y a eu aussi de grands séismes de magnitude 7 à 8 dans les régions de Niigata et de Hokkaido. Le 11 mars 2011, un séisme de magnitude 9, le séisme de Higashi-Nihon, est survenu dans la région du Tohoku. Des *tsunami* provoqués par ce séisme ont rasé un grand nombre de villes et villages. Il y a eu environ 16 000 morts et plus de 4 000 personnes portées disparues.

はい。各地で小さな揺れが頻繁に起こっています。マグニチュード7以上の地震は、過去20年間に10回ほどありました。1995年、神戸を中心に大きな被害を与えた阪神・淡路大震災では、6400人以上の犠牲者が出ました。2000年以降も新潟や北海道などでマグニチュード7から8の大地震が起きています。2011年3月11日には、マグニチュード9の東日本大震災が東北地方をおそいました。この地震が引き起こした津波は多くの町や村を破壊しました。約16000人の犠牲者が出て、行方不明者も4000人以上にのぼります。

Q La ville de Tokyo a-t-elle connu un grand tremblement de terre ?

東京の都心部で大地震が起こったことはありますか？

R Oui. En 1923 s'est produit le tremblement de terre du Kanto, de magnitude 7,9. Le séisme et les incendies qui l'ont suivi ont dévasté une bonne partie de Tokyo, causant 140 000 morts.

はい。1923年にマグニチュード7.9の関東大震災が起きました。地震とそれにともなう火災で東京周辺は壊滅状態におちいり、死者は14万人にも及びました。

Q Quelles sont les mesures préventives contre les catastrophes naturelles ?

防災対策としては何をしていますか？

R Le premier septembre, date à laquelle a eu lieu le grand séisme du Kanto, a été décrété « jour de prévention des catastrophes naturelles» et dans tout le Japon, on fait des exercices d'évacuation et des campagnes préventives. Cependant, le séisme de Kobe a révélé les insuffisances de ces mesures et depuis, on a beaucoup revu les secours, les plans d'urbanisme et les normes de résistance des bâtiments. En 2007, a été installé un système d'alarme utilisant la radio, la télévision, les portables, etc. Quand il y a un séisme, il annonce immédiatement à la population des endroits concernés, avant l'arrivée de la secousse principale, son hypocentre ainsi que sa puissance.

関東大震災の起きた9月1日が「防災の日」に定められ、日本各地で避難訓練や防災キャンペーンが行われています。それでも1995年の阪神・淡路大震災で、従来の対策が十分でなかったことが露呈してしまったのです。それ以来、救助体制、都市計画、建築物の耐震基準などが大幅に見直されました。2007年には、地震の発生後、主要動が各地に到達するまでの短い時間に、震源と地震の規模をラジオ、テレビ、携帯電話などを通じ住民に伝えて注意をうながす、緊急地震速報の仕組みもできました。

◇Q Comment les Japonais se préparent-ils aux tremblements de terre ?

個人はどのように地震にそなえていますか？

R À la maison, on installe ou on fixe au mur les meubles de manière à ce qu'en tombant, ils ne nous blessent pas. On nous recommande vivement d'avoir à portée un sac à dos dans lequel on aura mis de l'eau, des vivres et quelques vêtements. En prévision de la paralysie des transports, comme c'était le cas à Tokyo après le séisme de Higashi-Nihon, on a édité des cartes pour aider les gens à rentrer chez eux à pied. Le séisme de Higashi-Nihon nous a appris pourtant que, pour ne pas aggraver les embouteillages sur les routes, il valait mieux ne pas tenter de rentrer tout de suite mais attendre par exemple dans son bureau, si on est en sécurité.

　家庭では、家具が倒れて人を傷つけないように配置を工夫したり、壁に固定したりしています。また水、食糧、衣類などを入れた非常用リュックを用意することが強く勧められています。東日本大震災のあとの東京のように、交通が麻痺した場合にそなえ、自宅まで歩いて帰るための「帰宅支援マップ」も作成されています。ただし東日本大震災の教訓は、道路の混雑を深刻化させないように、勤務先などで安全が確保されていれば、すぐに帰宅するのは控えて様子を見るべきというものでした。

51 Le tabac

タバコ

Q Est-ce que les Japonais fument beaucoup ?
日本人はタバコをよく吸いますか？

R Le pourcentage des fumeurs est en baisse constante. En 2011, il était de 21,7 % : 33,7 % chez les hommes et 10,6 % chez les femmes. On remarque une baisse importante chez les hommes (53,1% en 1990) mais elle est moins sensible chez les femmes.

　タバコを吸う人の割合は減少の一途をたどっています。2011年には21.7％、男性では33.7％、女性は10.6％でした。男性は1990年の53.1％から大きく減っていますが、女性はそれほど変わりません。

Q À quel âge peut-on fumer ?
喫煙は何歳から許されていますか？

R À 20 ans, mais selon un sondage de 2004, 30,9 % des garçons et 20,5 % des filles auraient déjà fumé à 15-16 ans. Pour empêcher les mineurs de fumer, les distributeurs de cigarettes ne fonctionnent plus depuis 2008 qu'avec une carte magnétique réservée aux majeurs.

　20歳からですが、2004年の調査によると、高校１年生男子の30.9％、女子では20.5％がタバコを吸ったことがありました。未成年者の喫煙を防止するために、2008年から、自動販売機では成人であることを証明する専用のICカードを持っていないとタバコを買えなくなっています。

Q Y a-t-il des mouvements contre le tabagisme ?
禁煙や分煙の動きはありますか？

R Oui. Beaucoup de restaurants et de cafés distinguent les salles fumeurs et non-fumeurs, bien que moins systématiquement qu'en France, et de plus en plus de restaurants interdisent de fumer à l'heure du déjeuner. L'interdiction de fumer se généralise dans des lieux publics et il y a des collectivités locales qui établissent des zones d'interdiction de fumer. Les fumeurs font des efforts pour améliorer leur comportement, en ayant avec eux un cendrier portable, par exemple.

はい。飲食店では、フランスほど徹底的ではないにしても、禁煙席を設けることが多くなりましたし、ランチタイムを全席禁煙にする店も増えました。公共の場での禁煙が普通になりつつあり、自治体によっては路上喫煙禁止区域を定めています。また喫煙者も、吸殻入れを持ち歩くといったマナー向上運動を行っています。

52 Le suicide

自　殺

Q Est-ce que le Japon est un pays où il y a beaucoup de suicides ?
日本は自殺が多い国ですか？

R En 1998, le nombre de suicides a augmenté d'environ 10 000 mais depuis, l'évolution est stable avec 32 000 cas par an. Le taux est de 25 personnes sur 100 000, et ce chiffre est élevé comparé aux autres pays du monde. 70 % des personnes sont des hommes. Le « *harakiri* » ou les « *kamikazes* » qu'on voit dans des films n'existent plus, bien sûr.

日本での自殺者は、1998年にそれまでよりも1万人近く増加して以来、ほぼ3万2000人で推移しています。自殺率は10万人あたり約25人と、国際的に見ても高いほうです。自殺者の約7割は男性です。映画に出てくる「ハラキリ」や「カミカゼ」は、今の日本にはもちろん存在しませんよ。

Q Quelles sont les principales causes des suicides ?
自殺の理由としては、どういうものが目立ちますか？

R D'abord, il y a les problèmes de santé : les maladies physiques et psychiques. Les problèmes économiques comme les difficultés dans les affaires, le manque d'argent pour vivre, les dettes multiples, sont aussi des causes de suicide. Quand on regarde les tranches d'âge des suicidés, ceux qui ont plus de 60 ans sont les plus nombreux, puis suivent les personnes qui ont la cinquantaine, la quarantaine et enfin la trentaine. Quant à leur profession, la moitié d'entre eux était sans profession.

もっとも多いのは健康問題で、要するに心身の病気に関する悩みです。また事業の不振、生活苦、多重債務といった経済的な問題も多く見られます。年代別では60代以上が最多で、それに50代、40代、30代と続きます。また職業別に見ると自殺者の約半数が無職です。

◇Q◇ **Et chez les jeunes ?**
若者はどうでしょうか？

◆R◆ Les cas de suicide chez les moins de 19 ans sont peu nombreux, mais les suicides causés par les *ijime* (persécutions scolaires) et le stresse des études comme les concours d'entrée sont de graves problèmes de société. On doit aussi faire face à l'utilisation d'Internet : il y a des sites qui enseignent comment se suicider ou qui recrutent des candidats au suicide collectif.

19歳以下の自殺率は決して高くはありませんが、いじめや勉強、受験のストレスが引き起こす自殺が深刻な社会問題になっています。またインターネットを介して自殺の方法を教えたり、仲間を募ったうえで集団自殺したりといった風潮にも対策が必要です。

53 Le crime
犯罪

Q Quel est l'état de la sécurité publique au Japon ?
日本の治安はどうですか？

R On peut dire que la sécurité publique est très bonne. Par exemple à Tokyo et dans sa banlieue, il n'y a pas de danger à rentrer seul(e) tard le soir. Dans les grandes villes, beaucoup de gens rentrent tard à cause de leur travail ou parce qu'ils sont allés se divertir et il y a de l'affluence dans les transports publics jusqu'aux derniers trains. Les rues sont bien éclairées et on peut rencontrer partout des supérettes ouvertes 24 heures sur 24.

　日本はとても安全な国だといえるでしょう。たとえば東京やその郊外では、夜中にひとりで帰宅してもまず危ないことはありません。大都市では仕事や娯楽で遅くまで外出している人も多いので、公共交通機関は終電の時刻まで混雑しています。多くの街路は明るく照らされ、24時間営業のコンビニもあちこちにあります。

Q Est-ce qu'il y a des délits dont on parle beaucoup ?
社会問題になっている犯罪はありますか？

R Oui. Il y a une vague d'escroqueries qu'on appelle « *furikome sagi* ». Cela consiste à faire verser de l'argent sur un compte fictif. Les victimes sont des personnes âgées et les escrocs leur téléphonent en faisant semblant d'être un membre de la famille. Tout le pays s'est mobilisé contre ce type d'escroqueries mais le nombre de victimes ne diminue pas beaucoup car les escrocs changent de techniques. En ce qui concerne la jeune génération, il y a de plus en plus d'affaires liées à Internet.

はい。架空の口座にお金を振り込ませるという詐欺が流行しています。身内を装って電話をかけるなどして高齢者をだますのです。この「振り込め詐欺」を根絶するためのキャンペーンが全国で展開されたものの、同様の詐欺は形態を変えながら続いており、なかなか被害はなくなりません。若い世代に関しては、インターネットを通じて事件に巻きこまれるケースが年々増えています。

Q Et la drogue ?
麻薬はどうですか？

R Le Japon est très sévère pour tout ce qui concerne les stupéfiants et on peut subir une peine de réclusion, même pour avoir possédé une petite quantité de hachisch. La situation est moins grave que dans d'autes pays, mais il est certain que les personnes qui consomment du hachisch ou de la drogue sont de plus en plus nombreuses. Depuis des célébrités comme des lutteurs de *sumo* ou des vedettes jusqu'aux étudiants qui consomment des stupéfiants par curiosité, les arrestations sont nombreuses et la situation est inquiétante.

　日本では麻薬の取り締まりは非常に厳重で、大麻を少量所持しているだけでも懲役刑になります。外国にくらべると状況はそれほど深刻ではありませんが、大麻や麻薬の使用者は確実に増えています。力士や芸能人のような有名人のほか、好奇心から手を出す大学生にまで逮捕者が広がり、事態は憂慮されています。

第7章
政治・経済・制度

La politique, l'économie, les institutions

54 La Diète et les élections
国会と選挙

Q Comment s'organise le pouvoir législatif au Japon ?
日本の立法府はどのような機関ですか？

R La Diète est constituée de deux assemblées : la Chambre des représentants et la Chambre des conseillers dont les membres sont élus au suffrage direct.

衆議院と参議院の2院からなる国会です。国会議員は直接選挙によって選ばれます。

Q Y a-t-il un président comme en France ?
フランスのように大統領はいますか？

R Non. Le chef du gouvernement est le Premier ministre. Au Japon, le gouvernement est responsable devant la Diète et le Premier ministre est élu par les membres de la Diète. Depuis 1955, le Parti libéral démocrate (PLD) a pratiquement toujours été majoritaire et donc, c'est son président qui a occupé la fonction de Premier ministre. En 2009, pour la première fois après la Seconde Guerre mondiale, le Parti libéral démocrate a été battu aux élections législatives par le Parti démocrate et c'est le président de ce parti qui est devenu Premier ministre. Mais le Parti libéral démocrate est revenu au pouvoir à la fin de 2012.

いいえ。内閣の長は総理大臣です。日本では議員内閣制がとられていて、国会議員が互選によって首相を選びます。1955年以降はほぼ一貫して国会で多数を占めていた自民党の総裁が首相に就任していましたが、戦後初めて自民党が衆議院第一党の座を失った2009年には民主党代表が首相となりました。しかし2012年末には自民党が政権に復帰しました。

ⓠ **Comment fonctionne le système électoral ?**
選挙制度はどうなっていますか？

ⓡ On peut voter à partir de 20 ans et on n'a pas besoin de s'inscrire sur les listes électorales comme en France. Un nouveau mode de scrutin a été adopté en 1994 pour la Chambre des représentants. Les députés sont désormais élus selon un système qui combine le scrutin majoritaire, qui élit un député par circonscription, et le scrutin proportionnel, qui élit des députés par région. Les sénateurs sont élus au scrutin majoritaire dans les circonscriptions et proportionnel au niveau national. Actuellement, il y a des débats sur la réduction du nombre des parlementaires et sur le déséquilibre du nombre d'électeurs d'une circonscription à l'autre.

　選挙権は20歳から与えられ、フランスのように選挙人名簿に登録する必要はありません。衆議院選挙の制度は1994年に改正されました。それ以来、衆議院議員は選挙区ごとに1名を選出する小選挙区制と全国を数ブロックに分ける比例代表制を組み合わせた方法で選ばれています。参議院議員は、都道府県に対応する選挙区制と比例代表制で選ばれます。選挙制度に関しては、議員定数の削減や1票の格差の問題が議論されています。

ⓠ **La participation aux élections est-elle élevée ?**
投票率は高いですか？

ⓡ En général, elle n'est pas très élevée. Cependant, près de 70 % des électeurs ont voté aux élections de la Chambre des députés qui ont eu lieu en 2005 durant lesquelles le débat central était la privatisation de la poste, ou à celles de 2009 qui mettaient en jeu le changement de majorité. Les conditions pour le vote anticipé sont devenues moins strictes et cela contribue à la hausse de la participation aux élections.

一般にあまり高いとはいえません。それでも郵政民営化の是非が問われた2005年や、政権交代が争点となった2009年の衆議院選挙では7割弱の有権者が投票しました。なお、期日前投票の条件が緩和されたことが投票率の上昇につながっています。

55 L'empereur

天　皇

Q Quel est le rôle de l'empereur ?
天皇の役割は何ですか？

R La position de l'empereur, *tenno*, est déterminée par la Constitution japonaise établie après la Seconde Guerre mondiale. L'empereur est avant tout un symbole, celui du Japon. Au niveau diplomatique il peut symboliquement représenter le pays, mais il n'a aucune autorité politique.

天皇の立場は第2次大戦後に制定された日本国憲法によって明確に定められています。天皇は何よりもまず日本の象徴です。外交儀礼上は国の代表ですが、政治的な権限はまったく持ちません。

Q Alors, de quoi s'occupe-t-il ?
それでは、公務にはどのようなものがありますか？

R Sa fonction est limitée aux cérémonies officielles, comme la nomination du Premier ministre, la proclamation de la convocation de la Diète ou la ratification d'actes diplomatiques. Toutes ces procédures doivent être approuvées par le gouvernement qui en sera responsable. L'empereur préside aussi à certaines cérémonies religieuses traditionnelles à la Cour.

総理大臣の任命、国会の開会宣言、外交文書の認証などで、公式の儀礼にかぎられています。こうした公務については、内閣が承認し責任を負います。天皇は宮中での伝統的神事も行います。

Q Quel opinion les Japonais d'aujourd'hui ont-ils de l'empereur ?
今日の日本人は天皇をどうとらえていますか？

R Il y a des opinions très diverses depuis les abolitionnistes jusqu'aux traditionalistes. Plus de 80% des Japonais approuvent toutfois le statut symbolique de l'empereur. En tant qu'homme, il est estimé et inspire de la sympathie à la grande majorité des Japonais. Entre autres, les sinistrés de catastrophes naturelles se sentent encouragés par la visite de l'empereur et de l'impératrice.

天皇制廃止論者から伝統主義者までさまざまです。それでも日本人の8割以上が、国家の象徴という天皇の位置づけに賛同しているようです。天皇は大多数の日本人に敬われ、人間的にも親しまれています。とくに、大きな自然災害の被災者は、天皇、皇后のお見舞い訪問にたいへん勇気づけられます。

Q L'Empereur Showa ne s'appelait-il pas Hirohito ?
昭和天皇は裕仁という名でしたね？

R Si, mais les Japonais n'appellent jamais l'empereur par son prénom. Un empereur, de son vivant, est appelé *Tenno* (empereur), et après sa mort, on l'appelle par le nom de l'ère où il a été empereur. L'année 1989 était l'an 64 de Showa, mais comme l'empereur Hirohito est décédé et que son fils lui a succédé, elle est devenue l'an un de Heisei. L'an 2000 correspond à l'an 12 de Heisei.

はい、でも日本では天皇を名前で呼ぶことはしません。存命中はただ「天皇」と呼び、亡くなると在位中の元号で呼びます。1989年は昭和64年でしたが、昭和天皇の崩御と息子である今上天皇の即位にともない平成元年になりました。2000年は平成12年にあたります。

56 Les Forces d'autodéfense
自衛隊

Q Y a-t-il un service militaire obligatoire au Japon ?
日本では兵役が義務づけられていますか？

R Non. De par la Constitution de 1947, le Japon a officiellement décidé de renoncer à la guerre et de ne pas avoir d'armée.

いいえ。日本は1947年の憲法で戦争を放棄し、軍隊を持たないことを誓約しました。

Q Il n'a pas renoncé au droit de légitime défense ?
自衛権は放棄しなかったのですね？

R Non, les Forces d'autodéfense, *jieitai*, ont été créées afin de protéger la paix et l'indépendance du pays et aussi d'assurer sa sécurité. Tous les militaires sont des engagés volontaires. La loi établit que les Forces d'autodéfense peuvent intervenir en cas d'agression extérieure ou d'invasion, et qu'elles peuvent se charger, si besoin est, du maintien de l'ordre public. Les Forces d'autodéfense viennent en aide surtout lors de catastrophes naturelles telles que les typhons, les tremblements de terre ou les éruptions volcaniques.

はい。国の平和と独立を守り、安全を保つことを目的として、自衛隊が設置されました。自衛隊員はすべて志願により採用されます。自衛隊は外部からの攻撃や侵略を受けた場合に防衛力を行使し、必要に応じて公共の秩序の維持にあたることができると法的に規定されています。とくに台風、地震、火山の噴火などの自然災害時に、被災地で救援活動を行っています。

Q Est-ce que leurs activités s'étendent aussi à l'extérieur du pays ?

自衛隊は海外でも活動していますか？

R Oui. Cependant, l'envoi des membres des Forces d'autodéfense à l'étranger suscite des inquiétudes chez de nombreux Japonais. Diverses restrictions ont donc été apportées à leur participation aux activités de maintien de la paix des Nations Unies. La première expédition à l'étranger a eu lieu en 1991, à la suite de la guerre du Golfe et elle a eu comme mission le déminage du Golfe Persique. Cette expédition avait fait l'objet d'une grande polémique, mais finalement, les Forces d'autodéfense ont été envoyées pour participer au maintien de la paix et à l'aide internationale.

はい。でも、日本人のなかには自衛隊を海外に派遣することに不安を抱く人も少なくありません。そこで国連平和維持活動への参加にはさまざまな制約が設けられています。自衛隊の最初の海外派遣は湾岸戦争後の1991年、ペルシャ湾での地雷除去のときでした。このときも派遣の是非をめぐって大きな議論が起きましたが、最終的に自衛隊は、平和維持活動や国際救援活動を行うことになったのです。

Q Quels sont les effectifs de ces Forces d'autodéfense ?

自衛隊の規模はどのくらいですか？

R En 2010, il y avait environ 151 000 personnes dans les forces terrestres, 45 000 dans les forces maritimes et 47 000 dans les forces aériennes. Pour former les cadres, il existe une école militaire et une école de médecine.

2010年の自衛隊員数は、陸上自衛隊がおよそ15万1000人、海上自衛隊が4万5000人、航空自衛隊が4万7000人です。幹部の養成機関として、防衛大学校、防衛医科大学校があります。

Q Ces Forces d'autodéfense sont-elles bien équipées ?
装備は充実していますか？

R Oui. Elles bénéficient de nombreuses armes modernes dites « défensives », mais le Japon s'interdit formellement la possession d'armes nucléaires. Les dépenses militaires correspondent à environ 1 % du produit intérieur brut (PIB).

はい。「防衛用」と呼ばれる近代兵器を多数備えていますが、核武装の禁止は固く守っています。防衛費はGDPの1％程度です。

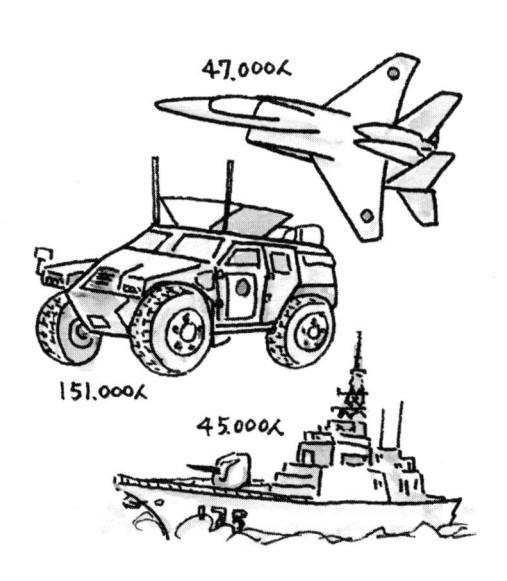

57 L'énergie

エネルギー

Q Le Japon dépend-il de l'étranger pour son approvisionnement en énergie ?

日本はエネルギー供給を外国に依存していますか？

R Oui. Le Japon importe 80 % de son énergie primaire de l'étranger, sutout le pétrole, car le pays n'en produit que 0,3 %. Toutefois, après les chocs pétroliers des années 70, des efforts ont été faits pour réviser la structure d'approvisionnement énergétique, et la consommation de pétrole a diminué. Elle représente actuellement moins de 50 % des ressources énergétiques. Le Japon est un pays insulaire qui ne produit pas suffisamment d'énergie à lui seul, et c'est pour cette raison qu'il doit diversifier les sources d'énergie en prévision des problèmes d'approvisionnement.

　はい。1次エネルギーの8割強、とくに石油を外国から輸入しています。石油の国内生産分は0.3％程度にとどまっているのです。しかし70年代の石油危機以降、エネルギー供給の構造を見直し石油消費量を減らす努力がなされた結果、石油への依存度は5割を切るようになりました。日本はエネルギー自給率が低い島国であり、エネルギー確保に関わるリスクを分散させるためにはエネルギー源の多様化が必要です。

Q Concrètement, quels efforts sont faits dans le domaine de l'énergie ?

エネルギーに関して、具体的にはどんな努力をしているのですか？

R En plus des économies d'énergie domestique et industrielle, on met en œuvre des innovations techniques et une rationalisation des procédés de production. On a augmenté l'utilisation, entre autres, de l'électricité nucléaire, du gaz naturel et du charbon. Cependant, pour diminuer les émissions dioxyde de carbone qui causent le réchauffement climatique, on doit encore développer les énergies renouvelables comme l'énergie solaire, géothermique ou éolienne.

　家庭や企業がエネルギー消費を抑える努力をするとともに、技術革新や生産過程の合理化が行われています。とくに原子力、天然ガス、石炭の利用を増やしてきました。しかし、温暖化をひきおこす二酸化炭素の排出を抑えるため、太陽エネルギー、地熱、風力といった再生可能エネルギーの活用をさらに進めていかなくてはなりません。

Ⓠ Est-ce qu'on utilise beaucoup l'énergie nucléaire ?
原子力発電は多く利用されていますか？

Ⓡ Oui, jusqu'à l'accident très grave de la centrale nucléaire de Fukushima Daiichi, provoqué par le tremblement de terre du 11 mars 2011. En 2010, 20 centrales nucléaires avec leurs 54 réacteurs ont produit 48,85 millions de kilowatt. Par le nombre des réacteurs et la quantité d'énergie produite, le Japon se situait alor en troisième position après les États-Unis et la France. Au Japon, l'énergie nucléaire représentait, cette année-là, 23,5 % de la production électrique nationale alors qu'en France, ce chiffre s'élève à 77,9 %. Depuis l'accident de Fukushima, l'opinion publique est plutôt anti-nucléaire et réclame un abandon total de cette énergie.

　はい、2011年3月11日の地震にともなって、福島第一原子力発電所で大規模な原発事故が起きるまではそうでした。2010年には20か所の原子力発電所、54基の原子炉で4885万 kwの発電が行われました。原子力発電所の設備数や発電量は、アメリカ、フランスに次いで世界第3位でした。この年には原子力発電が総発電電力の23.5％を占めていました。とはいえ、これはフランスの77.9％には遠く及びません。福島の原発事故の後は、「反原発」、「脱原発」の動きが強まっています。

58 L'économie

経 済

Q Quel est le produit intérieur brut (PIB) du Japon ?
日本の国内総生産はどのくらいですか？

R En 2009, il était de 5,07 mille milliards de dollars. Cela correspond à 8,7 % du produit mondial qui s'élèvait à 58,1 mille milliards de dollars. Le Japon occupait le deuxième rang mondial après les États-Unis (14,3 mille milliards de dollars), mais en 2010, la Chine a dépassé le Japon. En 2009, la somme des PIB des pays de l'Asie de l'Est (Japon, Chine et Corée du Sud) a dépassé celle des États-Unis et on prévoit que cette tendance se poursuivra.

　2009年には5.07兆ドルでした。これは全世界生産58.1兆ドルの8.7%にあたります。日本はアメリカの14.3兆ドルに次いで世界第2位につけていましたが、2010年には中国が日本を追い抜きました。また2009年には東アジア諸国 （日・中・韓）のGDPの合計が初めてアメリカを抜きましたが、これら東アジア3か国のGDPの合計は、今後さらに増加することが見こまれています。

Q L'économie japonaise a-t-elle toujours connu une croissance rapide après la guerre ?
日本の経済は戦後ずっと急成長を続けてきたのですか？

R Elle a connu plusieurs phases. Après la reconstruction et la croissance accélérée des années 60, le rythme s'est ralenti à partir des années 70. Ensuite, on a assisté à une autre période de croissance rapide à partir de 1986 ; c'est ce qu'on nomme la période de « bulle spéculative ». Enfin, au début des années 90, la bulle a explosé et l'économie japonaise s'est détériorée. Depuis, il y a eu une période d'amélioration, mais la crise financière de l'automne 2008 a durement frappé le Japon comme cela a été le cas pour d'autres pays du monde.

　いくつかの局面がありました。戦後の復興と1960年代の高度成長を経て、1970年代から成長の速度は鈍りました。次いで、1986年からふたたび急激な好景気の時期がありましたが、これは「バブル景気」と呼ばれるものです。1990年代の初頭にとうとうバブルが崩壊すると、景気が大きく下降しました。その後景気はいったん回復したものの、2008年秋の金融危機は、世界各国と同様、日本経済にも大きな打撃を与えました。

Ⓠ Dans le pays, l'écart entre riches et pauvres est-il important ?
国内における貧富の格差は大きいですか？

Ⓡ Beaucoup de Japonais qui avaient connu la période de croissance économique soutenue partageaient le sentiment d'appartenir à la classe moyenne. Cependant ces dernières années, l'augmentation du taux de chômage et du nombre de travailleurs en situation de précarité (ceux qui travaillent à mi-temps ou qui n'ont qu'un contrat de travail temporaire, ou encore ceux qui sont employés par des sociétés d'interim) a creusé l'écart entre les riches et les pauvres. On craint que cette situation ait une incidence sur l'égalité des chances dans l'éducation et que la génération suivante hérite de ces inégalités économiques et sociales.

　戦後に高度成長を経験した日本人は、中流意識を広く共有してきました。けれども近年、完全失業率が上昇し、非正規雇用者（パート、契約社員、派遣社員）も増えた結果、格差は拡大する傾向にあります。こうした格差が教育の不平等を生み、経済的、社会的な格差が次の世代へと受け継がれていくことが懸念されています。

Q Quel est le taux de chômage ?
失業率はどのくらいなのですか？

R Suite à la crise financière provoquée par la faillite de Lehman Brothers, le taux de chômage a dépassé les 5,6 % en juillet 2009. Ce chiffre est le plus élevé depuis 1953. En 2010, la situation s'est un peu améliorée et le taux de chômage en avril 2012 était de 4,4 %. Mais l'emploi reste un problème urgent.

リーマン・ブラザーズの経営破縦が引き金となった金融危機を受けて、2009年7月には5.6％を超えました。これは1953年以降の最高値です。2010年にはやや改善の傾向も見られるようになり、2012年4月は4.4％でした。しかし雇用の確保は依然として急を要する問題です。

Q Est-ce qu'il y a d'autres problèmes pour l'économie japonaise ?
日本経済の抱えている問題はほかにもありますか？

R Oui. Il y a des problèmes comme la dépendance vis-à-vis de l'étranger pour ce qui est de l'énergie et de l'alimentation, les frictions croissantes concernant le commerce extérieur, les effets négatifs de la hausse du yen, et l'augmentation des charges de protection sociale due au vieillissement de la population.

はい。エネルギーや食糧の輸入依存、外国との貿易摩擦の増大、円高の悪影響、社会の高齢化にともなう社会保障の負担増大などです。

59 Les entreprises et les employés
企業と従業員

Q Comment se fait la recherche d'un emploi ?
就職活動はどんなふうに行われますか？

R Au Japon, on aime recruter les jeunes qui viennent de terminer leurs études. Les jeunes cherchent un emploi pendant qu'ils sont encore étudiants, et ils commencent à travailler aussitôt après la fin de leurs études. Comme chaque entreprise veut recruter des jeunes de talent avant les autres, la période des démarches pour l'embauche commence de plus en plus tôt : beaucoup d'entreprises demandent aux étudiants d'assister à des séances de pré-embauche dès le deuxième semestre de la troisième année (les études universitaires durent en général 4 ans). Il en résulte que les étudiants privilégient ces séances au détriment des cours. C'est pourquoi le gouvernement, sollicité par les universités, a demandé aux entreprises de retarder le début de la période d'embauche. L'absentéisme des étudiants à la recherche d'un emploi est un gros problème pour les universités mais ces dernières doivent aider les étudiants à trouver un emploi car leur réputation peut en dépendre.

日本には新卒者志向があります。若者は在学中から就職活動を行い、学校を卒業した直後に就職するのが一般的です。ところが企業がよそよりも早く優秀な人材を確保しようとするあまり、就職活動の時期が早まり、3年生の後期（日本の大学は普通4年制）から企業説明会が始まるほどになりました。そのせいで大学生が授業よりも就職活動を優先させなければならない事態が生じています。そのため、企業は大学の求めに応じた政府から、採用活動の開始時期を遅らせるように要請を受けました。大学では、就職活動中の学生の欠席の多さが大きな問題になってい

ますが、大学の評価を維持するためには、大学自体が学生の就職支援もしなければならない状態です。

Ⓠ Est-ce que les entreprises attendent beaucoup des connaissances que les jeunes ont acquises au lycée ou à l'université ?

企業は若者に対して高校や大学で学んだ知識を期待していますか？

Ⓡ Malheureusement non, dans la plupart des cas. Contrairement au principe appliqué en France, les entreprises en général choisissent leur personnel moins pour leur spécialisation ou leur compétence professionnelle que pour leur potentiel et leur souplesse d'adaptation à diverses fonctions. La formation professionnelle commence une fois que la personne est embauchée.

　残念ながら、あまり期待していません。フランスとはちがって、企業は専攻や専門的な能力よりも、将来の可能性やさまざまな仕事への柔軟な適応能力を重視して人材を選びます。職業訓練は企業に入ってから行われるのです。

Ⓠ L'employeur et ses employés entretiennent-ils des relations étroites ?

企業と従業員の結びつきは密接ですか？

Ⓡ Oui, mais moins qu'avant. Une entreprise ne se contentait pas de payer un salaire à ses employés, elle se chargeait aussi de leur vie quotidienne et de celle de leur famille en leur fournissant par exemple des logements ou des lieux de vacances à prix modestes. Actuellement, en raison des problèmes économiques, beaucoup de logements ou de lieux de vacances sont fermés. Les voyages pour le personnel organisés par l'entreprise dans le but de créer un climat de bonne entente ont aussi tendance à disparaître. La conception traditionnelle de l'emploi à vie aussi bien que le système de la promotion à l'ancienneté ne sont plus évidents, et l'époque où l'on se dévouait pour une seule entreprise toute sa vie est terminée.

はい、でも以前ほどではありません。企業はかつて、従業員に賃金を払うだけでなく、安い社宅や保養所を提供するなど、従業員とその家族の生活全般にわたって面倒を見てきました。しかし現在は、主に経営上の理由から社宅や保養所の多くが閉鎖されています。また親睦を深めるために行われていた社員旅行もなくなる傾向にあります。伝統的な終身雇用の概念や年功序列制が当たり前ではなくなった結果、もはやひとつの企業に一生尽くす時代は終わったのです。

Ⓠ Cela veut dire que la mentalité des Japonais a beaucoup changé ?
日本人の意識は大きく変わったのですね？

Ⓡ Oui. À partir du milieu des années 80, avec les offres d'emploi qui se sont multipliées, les jeunes ne se gênent plus pour changer de travail. Cependant, chaque stagnation économique a freiné cette tendance et actuellement, beaucoup de jeunes cherchent un emploi stable à vie dans la fonction publique.

そうです。1980年代半ばから求人が増え、若者は気軽に転職するようになりました。ただし経済が停滞するたびに転職ブームは下火になり、現在も多くの若者が、終身雇用という安定を求めて公務員を目指しています。

60 La retraite
定　年

Q À quel âge prend-on sa retraite au Japon ?
日本では何歳が定年ですか？

R Jusqu'au milieu des années 70, la plupart des Japonais prenaient leur retraite à 55 ans. Avec l'amélioration de l'espérance de vie, beaucoup d'entreprises ont repoussé l'âge de la retraite. Après la refonte de la loi en 2005, le nombre des personnes de plus de 60 ans qui travaillent à plein temps a beaucoup augmenté. Ce recul, ajouté au système de la promotion à l'ancienneté, cause un énorme accroissement des frais de personnel, et de nombreuses entreprises incitent leurs employés à prendre une retraite anticipée moyennant un pécule de départ à la retraite plus important. Pour les fonctionnaires, l'âge de la retraite est différent selon la fonction, mais en général les gens prennent leur retraite entre 60 et 65 ans.

　1970年代半ばまで、ほとんどの人は55歳で定年を迎えていました。平均寿命の伸びにともなって、多くの企業が定年を延長しています。2005年の法律改正以降、60歳以上の常勤者の割合は大幅に増えました。勤続年数による昇給制度に定年延長が加わると人件費が大きく膨れ上がるので、多くの企業で退職金の割り増しを条件に定年前退職を奨励しています。公務員は職種ごとに定年が定められていますが、多くの場合60〜65歳で退職します。

Q De quoi vivent les retraités ?
定年退職者はどうやって生計をたてていますか？

R Lorsqu'on prend sa retraite, on perçoit en général un pécule de départ à la retraite. Cette somme ajoutée à la pension de retraite est loin d'assurer une vie confortable. Comme l'âge où l'on peut toucher la totalité de la pension de retraite a été reculé, environ 70 % des hommes entre 60 et 64 ans, et 50 % entre 65 et 69 ans continuent à travailler. Les gens qui travaillent dans une entreprise dont l'âge de la retraite est fixé à 60 ans peuvent, dans certains cas, continuer à travailler dans la même entreprise ou dans une filiale avec des conditions moins favorables. Si ce n'est pas le cas, ils doivent chercher un nouveau travail. Il y a également des collectivités locales qui procurent du travail aux retraités en tenant compte de leurs aptitudes.

普通、定年時に退職金が出ます。ですが、退職金と年金を合わせても安楽な生活は期待できません。そもそも年金の満額支給開始年齢自体が上がっているので、男性にかぎれば60〜64歳の7割程度、65〜69歳でも半数が就業しています。60歳で定年と定められている企業では、それまでよりも条件は悪くなりますが、同じ企業や系列会社で仕事を続ける可能性もあります。そうでなければ別に新しい職を探します。自治体のなかには、技能を考慮したシルバー人材活用事業を行っているところもあります。

61 Les syndicats
労働組合

Q Y a-t-il des syndicats au Japon ?
日本に労働組合はありますか？

R Oui. En 2010, il y avait au Japon 55 910 syndicats et environ 18 % des travailleurs civils et des fonctionnaires étaient syndiqués. Quant au pourcentage de syndiqués parmi les travailleurs précaires, qui comptent de plus en plus de jeunes, il était seulement de 3 à 5 %.

はい。2010年の時点で全国に55910の組合があり、民間労働者および公務員の約18%が組合に参加していました。一方、若年層に増えつつあるパートタイム雇用者の労組組織率は3〜5%と低い割合でした。

Q Comment sont organisés les syndicats ?
組合はどのようなシステムになっていますか？

R À la différence des syndicats français, la plupart des syndicats japonais sont organisés à l'intérieur de chaque entreprise. Ces syndicats d'entreprise se réunissent en organisations syndicales par branche industrielle, lesquelles forment à leur tour des fédérations à l'échelle nationale ; ils ont ainsi une structure pyramidale. Au sommet, des centres nationaux unifient les fédérations. Le plus important centre national est *Rengo*, fondé en 1989. En 2007, il regroupait 6 750 000 travailleurs, soit 67 % des syndiqués. *Rengo* fixe le plan de base, mais c'est à chaque syndicat de présenter ses revendications et de négocier avec l'entreprise. Il existe aussi un centre national de tendance communiste, *Zenroren*, mais le nombre de ses syndiqués représente moins de 20 % des ceux de *Ren-*

go.

　フランスとちがって、日本の労働組合はほとんどが企業を単位として組織された企業別組合です。そして企業別組合の連合体として産業別組合が組織され、産業別組合が集まって全国的な連合体組織を作るというピラミッド構成になっています。その頂点には組合組織の全体的統一をはかるナショナルセンターがあります。最大のナショナルセンター、連合が1989年に設立され、2007年には全労働組合員数の67％にあたる675万人を結集しています。連合は基本方針を設定しますが、企業に要求を出し、交渉するのはそれぞれの企業別組合です。共産党系のナショナルセンター、全労連もありますが、組合員数は連合の20％以下です。

Q Est-il obligatoire de s'affilier à un syndicat ?
組合に入ることは強制されますか？

R Ça dépend du syndicat. Dans beaucoup de grandes entreprises, le syndicat est sous un régime connu sous le nom de *union-shop*, c'est-à-dire que chaque travailleur est, en principe, obligatoirement syndiqué. Cependant quand un salarié devient cadre, d'ordinaire, il quitte le syndicat. Les syndicats de fonctionnaires sont sous le régime *open-shop*, c'est-à-dire que l'adhésion y est facultative.

　組合によります。大企業ではユニオン・ショップ制をとっているところが多く、組合加入は原則として強制されています。ただしサラリーマンは管理職になると、組合を脱退するのが通例です。公務員の組合はオープン・ショップ制と法律で定められており、加入は自由です。

Q Y a-t-il souvent des grèves ?
ストライキは多いですか？

R Par rapport à la France, il y en a beaucoup moins. Chaque année au printemps, des luttes collectives à grande échelle ont lieu pour revendiquer des hausses de salaire, l'amélioration des conditions de travail et la garantie de l'emploi. Cependant, la tendance récente est d'arriver à une entente par des négociations pour éviter la grève. S'il y en a une, cela se passe au niveau d'une seule entreprise, donc les perturbations sont peu importantes. Il est à noter que les fonctionnaires ne bénéficient pas de droit de grève.

　フランスとくらべるとはるかに少ないです。毎年春には賃上げ、労働条件の改善、雇用保障などを要求して大規模な統一闘争が行われます。けれども最近では、交渉で妥結しストを回避しようとする傾向が強まっています。たとえ行われたとしても企業単位ですから、影響はあまりありません。なお、公務員はスト権を認められていません。

62. La protection sociale

社会保障

Q : Comment fonctionne le système de protection sociale au Japon ?

日本の社会保障制度はどのようなものですか？

R : C'est l'Etat qui assure la protection sociale. Les principaux services sont : la sécurité sociale, l'aide aux personnes à faibles revenus, l'assistance sociale, les mesures de santé publique et celle contre le chômage. En 2009, le montant des allocations sociales était d'environ 99,85 mille milliards de yen : 51,8 % pour la pension de retraite, 30,9 % pour l'assurance maladie et 17,3 % pour l'assistance sociale et le reste. 45,5 % des ressources de la protection sociale sont financées par les cotisations sociales et 32,2 % par les dépenses publiques.

社会保障制度は国の管轄です。おもなサービスとしては、社会保険、公的扶助、社会福祉、公衆衛生対策、失業対策があります。2009年の社会保障給付費は約99.85兆円で、年金51.8％、医療30.9％、福祉その他17.3％という割合でした。財源の45.5％が社会保険料、32.2％が公費負担です。

Q : Est-ce que tous les Japonais sont couverts par une assurance maladie et une pension de retraite ?

健康保険や年金は国民全員が加入しているのですか？

R : Oui, c'est la règle. En 1961, le Japon a mis en place le système de « pension de retraite et assurance maladie pour tous » et actuellement, cela concerne aussi les résidents étrangers. La plupart des employés et leur famille sont assurés contre la maladie par l'Etat ou par l'assurance maladie corporative, et les autres par les collectivités locales.

　はい、原則はそうです。日本では1961年に「国民皆年金、国民皆保険」体制が導入され、現在では外国人もその対象になっています。大部分の被雇用者とその家族は、政府や健康保険組合を保険者とする健康保険、そして他の人は地方公共団体を保険者とする国民健康保険などに加入しています。

Q Y a-t-il des problèmes financiers ?
財政上の問題はありますか？

R Oui. Les problèmes financiers liés à la protection sociale, surtout aux frais médicaux et à la pension de retraite, deviennent très graves à cause du vieillissement de la population. On peut difficilement freiner la hausse des dépenses médicales car les frais d'une personne âgée représentent 5 fois ceux d'un jeune. En ce qui concerne la pension de retraite, en 2009, environ 60 millions de Japonais en touchaient une, ce qui veut dire que deux personnes actives soutenaient une personne non active. L'estimation pour 2050, l'année où la proportion des personnes âgées atteindra son maximum, montre qu'une personne active devra soutenir 1,1 personne non active. Ainsi, la charge sera très lourde pour la population active et cela est un problème politique important. L'âge d'ouverture du droit à la retraite continuera à reculer jusqu'à 65 ans.

　はい。社会の高齢化にともない、社会保障制度のなかでも医療費、年金にかかわる財政問題が非常に深刻化しています。高齢者1人にかかる医療費は若い人の5倍ですが、これを抑制することは容易ではありません。また2009年には約6000万人が公的年金の給付を受けていますが、これは生産年齢人口約2人が、老年・年少人口1人を支えている計算です。ところが老齢者比率の最大になる2050年の将来推計では、生産年齢人口1人で老年・年少人口1.1人を支えることになるというのです。

このように生産年齢層に対する負担の大幅増は避けられず、大きな政治課題になっています。年金支給開始年齢は、今後も段階的に65歳まで引き上げられていきます。

Q L'assistance sociale est-elle substantielle ?
社会福祉は充実していますか？

R Malheureusement non. De nombreux problèmes doivent être résolus. Par exemple, en ce qui concerne les soins pour les personnes âgées, il faut augmenter le salaire du personnel soignant qui est trop bas actuellement ; il faut aussi créer un système d'aide pour les personnes âgées qui soignent d'autres personnes âgées ou pour les personnes qui doivent quitter leur travail pour s'occuper d'un membre âgé de leur famille.

残念ながら、あまり充実しているとはいえません。問題は山積しています。たとえば高齢者介護について、現在はあまりに低い介護職従事者の給与を引き上げなくてはなりません。また、老老介護を行っている世帯や、家族の介護のために離職せざるを得ない人を支援する制度を作らなくてはなりません。

63 L'agriculture, la sylviculture et la pêche
農林水産業

Q Quel est le taux d'autosuffisance alimentaire ?
食糧自給率はどのくらいですか？

R Le taux d'autosuffisance alimentaire était en baisse mais semble se stabiliser : en 2010, il était de 39 % en calories (66 % en production) pour l'ensemble des produits alimentaires. Et, toujours en calories, 77 % pour les légumes, 60 % pour le poisson, 27 % pour les céréales, 25 % pour le soja et 16 % pour la viande. Le Japon est autosuffisant en riz depuis 1966, à l'exception de rares années aux conditions climatiques défavorables. Récemment, le Japon a commencé à exporter du riz surtout vers Hong Kong, Singapour, Taiwan, et d'autre régions où le riz japonais est considéré de haute qualité.

食糧自給率は低下していましたが、下げ止まった感があります。2010年の総合食糧自給率は、カロリーベースで39%（生産額ベースで66%）でした。カロリーベースでは野菜が77%、魚介類が60%、穀物27%、大豆25%、畜産物は16%でした。米に関しては1966年以来自給自足が続いてきましたが、まれに天候不順でそれが不可能になる年もあります。最近では高級米として、とくに香港、シンガポール、台湾などに向けた国産米の輸出が始まっています。

Q Le Japon est-il un pays agricole ?
日本は農業国ですか？

R Il l'était autrefois mais l'importance de l'agriculture dans l'économie japonaise a rapidement diminué après la guerre. En 1960, il y avait 12 millions d'agriculteurs, mais en 50 ans le nombre a diminué de trois quarts. De plus, comme les jeunes quittent l'agriculture, 60 % des agriculteurs avaient plus de 65 ans en 2009.

かつてはそうでした。けれども日本経済における農業の重要性は、戦後急速に低下しました。1960年に1200万人いた農業就業人口は、その後の50年間で4分の1以下に減りました。そのうえ若者の農業離れを受けて65歳以上の高齢者が増加し、2009年には6割以上を占めるほどになっています。

Q Quelle est la surface du pays consacrée à l'agriculture ?
作付面積はどれくらいですか？

R Elle a aussi beaucoup diminué : 8 130 000 hectares en 1961, contre 4 670 000 ha en 2006. La surface cultivée par famille a augmenté d'environ 1,5 % par an : à l'exception de la région de Hokkaido (20,5 ha), la moyenne nationale est d'1,4 ha. La plus grande partie des familles paysannes pratiquent une ou plusieurs activités secondaires et l'essentiel de leurs revenus n'est pas agricole.

これも大幅に減少し、1961年に813万ヘクタールだったのが2006年には467万ヘクタールにまで減りました。1戸あたりの平均耕地面積は年率およそ1.5％の割合で上昇し、北海道（20.5ヘクタール）以外の都府県平均で1.4ヘクタールです。ほとんどの農家はひとつあるいは複数の副業を行っており、農家所得の大半は農業外所得なのが実情です。

Q Produit-on suffisamment de bois ?
木材は自給できていますか？

R Dans le passé, la sylviculture était dynamique et en 1960, le taux d'autosuffisance en bois était de 87 %. En 1999, il a chuté à 20 %. En 2009 il est remonté à 28 %, mais cette petite hausse du taux d'autosuffisance vient de la diminution de la demande due à la crise dans l'industrie du logement. On importe des bois bon marché de l'étranger et l'utilisation croissante de nouveaux matériaux de construction freine la production de bois.

以前は林業がさかんで、1960年の自給率は87％でした。ところが

1999年には20%に減少しました。2009年には28%まで戻っていますが、これも住宅産業の不況で総需要が落ちこんでいるためです。安い外国材の輸入、新建材の普及などによって林業生産は低下しています。

Ⓠ Et la pêche ?
漁業はどうですか？

Ⓡ Elle est très développée. Le Japon pêche environ 5,1 millions de tonnes de poisson et en exporte 700 000 tonnes, mais importe aussi 5,7 millions de tonnes de plusieurs pays du monde. Le taux d'autosuffisance était de 113 % en 1964, l'année la plus élevée, mais en 2010, il est passé à 60 %. Au Japon, 40 % des protéines animales sont tirées du poisson, et la consommation de poisson par habitant est la deuxième du monde après l'Islande. Cependant, l'influence de la culture alimentaire américaine est très grande depuis la fin de la guerre et les Japonais consomment de plus en plus de viande. En 2006, un tiers du poisson provenait de la pêche côtière, un quart de la pêche à l'intérieur d'une zone de 200 milles marins et 10 % de la pêche en haute mer. Le poisson issu de la pisciculture couvre un tiers de la production et ceci est une particularité de la pêche au Japon.

　非常にさかんです。国内生産量およそ510万トンのうち70万トンは輸出していますが、さらに570万トンを世界各地から輸入しています。自給率は1964年のピーク時の113%から、2010年には60%に減少しました。日本人の摂取する動物性たんぱく質のうち40%は魚で、国民ひとりあたりの魚の消費量は、アイスランドに次いで世界第2位です。ところが戦後はアメリカの食文化の影響を受けて、肉類の消費も増加する傾向にあります。2006年の漁獲量を見ると3分の1が沿岸漁業、4分の1が日本から200カイリ以内の沖合漁業、1割が遠洋漁業によるものです。養殖も3分の1近くを占めていて、養殖がさかんなことも日本の漁業の特徴といえます。

64. Le système éducatif

教育制度

Q Quel est le système d'éducation au Japon ?
日本の教育制度はどうなっていますか？

R Au Japon, l'enseignement est obligatoire de 6 à 15 ans, c'est-à-dire, pendant les 6 années de l´école primaire, *shogakko*, et les 3 années du collège, *chugakko*. L'enseignement obligatoire a été institutionnalisé à l'ère Meiji (1868-1912). En 1908, le taux de scolarité atteignait déjà 97 %, et en 1930, il était presque de 100 %. En 2010, 98 % des collégiens ont continué leurs études soit dans un lycée, *kotogakko* (*koko*), pendant 3 ans, soit dans un établissement spécialisé supérieur, *kotosenmon-gakko* (*kosen*), pendant 5 ans. 51 % des lycéens sont entrés dans une université qui forme des étudiants en 4 ans, *daigaku*, environ 6 % sont allés dans un institut universitaire en 2 ans, *tanki-daigaku* (*tandai*), et 23 % dans des écoles spécialisées. Parmi les jeunes filles, 45 % sont allées dans des *daigaku* et 11 % dans des *tandai*.

　日本では6歳から15歳まで、つまり小学校の6年間と中学校の3年間が義務教育です。義務教育制度は明治時代（1868～1912年）に確立されました。1908年の時点ですでに就学率は97％でしたが、1930年にはほぼ100％に達していました。2010年には中学卒業者の98％が、高等学校（高校）に進学して3年間、あるいは高等専門学校（高専）で5年間の教育を受けています。高校卒業生の51％が4年制大学、およそ6％が2年制の短期大学（短大）、23％が専門学校へ進みました。女子だけを見ればおよそ45％が4年制大学、11％が短大に進学しています。

Q Comment sont organisées les études après les quatre années d'université, c'est-à-dire après la licence ?
学部卒業後の進学はどのようになっていますか？

R Dans certaines universités, on peut poursuivre ses études en *daigakuin* (2 ans de master et 3 ans de doctorat). À la faculté de médecine et à l'école dentaire, l'enseignement dure 6 ans suivi de 4 ans de doctorat. En 2010, 1 étudiant sur 6 a continué ses études en *daigakuin*. Le pourcentage des jeunes femmes qui entrent en *daigakuin* a augmenté et représente 40 % de l'ensemble.

大学によっては、大学院で修士課程2年間、博士課程3年間の勉強を続けることができます。医学部、歯学部は6年制で、4年間の博士課程があります。2010年には6人にひとりが大学院に進学しました。進学者に占める女性の割合は増加して40%になっています。

Q Est-ce qu'on fréquente beaucoup les établissements privés ?
私立の学校に通っている人は多いですか？

R Pas tellement pendant la période d'enseignement obligatoire. En 2011, 1 % des élèves étaient dans une école primaire privée, et 7 % dans un collège privé. À partir du lycée, le pourcentage s'accroît : 30 % des lycéens fréquentaient un lycée privé, et un peu plus de 73 % des étudiants une université privée. Il est à noter que le nombre d'enfants qui vont dans un établissement privé tend à augmenter peu à peu ces dernières années. À Tokyo plus qu'ailleurs, les parents choisissent des établissements privés : 4,5 % des élèves de l'enseignement primaire vont dans une école privée, et ils sont environ 26 % au niveau du collège. Pour être admis dans un établissement privé, il faut passer un concours d'entrée et les frais d'inscription et de scolarité sont assez élevés.

義務教育の段階ではあまり多くありません。私立の学校に通っている小学生は2011年に1％、中学生で7％でした。しかし高校生になると増えて、30％が私立高校、大学生では73％強が私立大学に通っていました。私立校に通う生徒はこのところ少しずつ増える傾向にあります。とくに東京では公立離れが顕著で、小学生の4.5％、中学生の約26％が私立校の生徒です。私立校に進学するには入学試験を受けなければなりませんし、入学金や授業料もかなり高額です。

Q Combien d'universités y a-t-il au Japon ?
日本に大学は何校くらいありますか？

R Il y en a environ 780 dans tout le pays. 86 universités sont nationales, 95 sont municipales ou préfectorales, et le reste est privé.

　全国におよそ780校あります。国立大学が86校、公立大学が95校、その他は私立大学です。

Q Est-ce qu'il y a une éducation permanente ?
生涯教育は行われていますか？

R Oui. Depuis 1985, *Hoso-Daigaku* donne des cours par l'intermédiaire d'émissions de radio ou de télévision ; des personnes de tout âge suivent des cours variés et obtiennent des diplômes. Il existe aussi des cours par correspondance ou des cours ouverts à tous organisés par des universités, des collectivités locales ou des centres culturels. De plus en plus d'universités ouvrent leurs portes aux personnes qui travaillent.

　はい。1985年以来、放送大学が独自のラジオ・テレビ番組をベースにした教育を行い、幅広い世代が各種科目を受講し、学位を取得しています。ほかにも大学や自治体、カルチャーセンターなどが主催する通信教育や公開講座があります。また、社会人入学を認める大学も増えています。

65 Les concours d'entrée à l'université
大学入試

Q **Pour entrer à l'université, est-ce qu'il existe un examen commun comme le baccalauréat ?**

大学に入るために、バカロレアのような共通試験がありますか？

R Oui. Depuis 1979, un examen national est organisé chaque année en janvier. Cet examen qui évalue l'acquisition des connaissances fondamentales vise à limiter la concurrence des concours. Les candidats répondent à des questionnaires sur une fiche qui sera traitée ensuite par ordinateur. Suivant les résultats, les candidats choisissent les universités et les sections, et vont se présenter à une seconde série d'épreuves. Les épreuves de cette seconde série sont imposées librement par chaque université. Cet examen national est utilisé aussi bien par les universités publiques (nationales, préfectorales ou municipales) que par beaucoup d'universités privées.

はい。1979年以来、毎年１月に全国共通の試験が実施されています。この試験は基礎的な事項を習得しているかどうかを判定するもので、競争を緩和することを目的としています。解答はマークシート方式です。受験生はこの試験の成績にもとづいて志望大学・学部を決定し、２次試験に臨むのです。２次試験はそれぞれの大学が独自に実施します。この共通試験は国公立大学ばかりでなく、多くの私立大学も利用しています。

Q **Est-il difficile d'entrer à l'université ?**

大学に入るのは難しいですか？

R Oui. La préparation pour entrer dans les grandes universités publiques ou encore dans les universités privées renommées commence bien avant le concours d'entrée, parfois même dès le collège. Comme les cours du lycée ne suffisent pas pour bien préparer le concours d'entrée, la plupart des lycéens en classe terminale suivent des cours au *juku* (cours complémentaire pour préparer les concours d'entrée) ou prennent des leçons particulières. Ils passent aussi des examens blancs organisés par des entreprises spécialisées.

　はい。国公立あるいは私立の有名校に入るための準備は、大学入試よりずっと前、ことによると中学入学の際に始まる場合すらあります。大学進学を目指す高校3年生の大半は、高校の授業だけでは不十分と考え、進学塾に通ったり家庭教師についたりして受験にそなえます。受験産業が主催する全国規模の模擬試験も受けます。

Q On dit qu'il y a des universités qui manquent d'étudiants à cause de la baisse de la natalité.
少子化の影響で、定員割れの大学もあると聞きました。

R Oui. En 1995, il y avait 1,1 million de candidats aux concours, mais en 2010 il n'y en avait plus que 700 000. Dans certaines universités, il arrive que le nombre de candidats soit inférieur au nombre de places proposées. Cependant, la concurrence reste grande pour les universités cotées : dans certaines de ces universités, publiques et privées, il n'y a qu'1 reçu sur 5 environ. En médecine, dans les universités privées 1 candidat sur 10, et dans les universités nationales qui ont des frais de scolarité bien moins élevés, 1 sur 40.

　そうです。1995年に110万人いた受験人口は、2010年には70万人台にまで減り、受験者が大学の受け入れ数を下まわることも珍しくありません。しかし難関大学の競争倍率は依然として高く、国公立、私立にかぎらず5倍前後になる大学が少なくありません。とくに医学系では、私立大学で10倍、教育費が安い国立大学の場合は40倍にものぼります。

66 La vie scolaire (l'école primaire, le collège, le lycée)
学校生活（小学校、中学校、高校）

Q Dans des reportages, on voit souvent des enfants japonais en uniforme. Est-ce que les enfants vont à l'école en uniforme ?

日本に関するルポルタージュ番組では、制服を着ている子供たちをよく見かけます。学校には制服があるのですか？

R Les enfants qui fréquentent un établissement privé (école, collège, lycée) portent en général un uniforme. Chaque école en a un particulier et les gens peuvent souvent reconnaître l'école des élèves à leur uniforme. En ce qui concerne les établissements publics, on en porte un surtout au collège et au lycée, et rarement à l'école primaire.

私立校には多くの場合、制服があります。制服は学校によってちがうので、制服を見ただけでどの学校の生徒か分かることもあります。公立校に関しては、中学校や高校では制服を着るところが多いですが、小学校にはほとんどありません。

Q Et comment sont les uniformes ?

どんな制服ですか？

R En général, pour les filles, c'est un tailleur bleu marine, un blazer et une jupe plissée écossaise, ou un ensemble à col marin bleu marine. Pour les garçons, l'uniforme est souvent un costume noir ou bleu marine à veste d'officier, ou un blazer, un pantalon et une cravate. En été, en général à partir du 1er juin, tout le monde change d'uniforme et porte des vêtements plus légers.

女子は紺色の上着とスカート、ブレザーとチェックのプリーツスカート、紺色のセーラー服が多いようです。男子は黒や紺の詰め襟の学生服

か、ブレザー、ズボンそれにネクタイというスタイルです。たいてい6月1日からは、涼しい夏服になります。

◊Q En France, les enfants peuvent rentrer chez eux assez souvent pour déjeuner. Est-ce que c'est pareil au Japon ?

フランスでは昼食に家に帰ることもできます。日本でもそうですか？

◊R Non, les enfants déjeunent à l'école. Dans beaucoup d'écoles primaires et de collèges publics, il y a une restauration scolaire, mais on mange dans la salle de classe. Les élèves mangent les plats apportés de la cuisine et distribués par certains d'entre eux désignés pour la semaine. Au lycée, on prend souvent avec soi son *bento* ou des sandwichs, etc. Il y a des lycées qui ont une contine et on peut y manger lorsqu'on n'a pas apporté son *bento*.

いいえ。子供たちは学校で昼食をとります。公立の小学校や中学校ではたいてい給食がありますが、食事をする場所は教室です。給食室からその週の当番の生徒が運んできて配った給食を食べるのです。高校では弁当やサンドイッチなどを持参することが多いようです。高校によっては食堂があり、弁当を持ってこない生徒はそこで食事をとることができます。

◊Q Est-ce que les élèves ont d'autres responsabilités que celle du déjeuner ?

給食当番以外にも生徒が担当する仕事はありますか？

◊R Oui, ils doivent nettoyer après les cours la salle de classe et quelquefois les toilettes. En général, on divise la classe en groupes et chaque groupe s'occupe d'une de ces tâches à tour de rôle.

はい、放課後に教室の掃除をします。学校によってはトイレ掃除もあります。普通はクラスをいくつかの班に分けて、交代で担当します。

学校生活（小学校、中学校、高校）

Q Est-ce qu'il y a d'autres activités que les études ?
そのほかに課外活動はありますか？

R Oui. Il y a des activités de clubs ou d'associations après les heures de classe et pendant les jours de congé. En général, on peut faire partie d'un club culturel ou d'un club sportif. Parmi les clubs culturels, il y a par exemple les clubs d'art plastique, de théâtre, de biologie, d'arrangement floral, de fanfare, etc. Parmi les clubs sportifs, il y a les clubs de base-ball, de basket-ball, de tennis, de *kendo*, etc. Il existe des tournois inter-lycées de base-ball, de football, de rugby et des concours de chorale qui sont diffusés à la télévision et que les Japonais aiment beaucoup suivre.

はい。授業の後や休日にクラブ活動をします。たいていは文化系か運動系のどちらかに入ります。文化系のクラブには美術部、演劇部、生物部、華道部、吹奏楽部などがあります。運動系では野球部、バスケットボール部、テニス部、剣道部などがあります。高校対抗の野球、サッカー、ラグビーなどの試合や合唱コンクールはテレビで中継されるので、多くの人が見ています。

Q Quels sont les principaux événements dans une année scolaire ?
学校の年中行事にはどのようなものがありますか？

R La rentrée est en avril. Il y a toujours une cérémonie qui rassemble les nouveaux élèves, le corps enseignant, les parents et des invités tels que le représentant des parents d'élèves, le président des anciens élèves, ou une personnalité de la municipalité. Les Japonais adorent l'image de la rentrée scolaire sous les cerisiers en fleur, à tel point que quand on a parlé de déplacer la rentrée scolaire en septembre pour faciliter les échanges avec les établissements étrangers, beaucoup de gens étaient contre. Au printemps ou en automne il y a la fête du sport, et en automne la fête de la culture. En été, on part en classe verte. On peut faire une ou deux fois par an une excursion. Un voyage scolaire est également organisé. En mars a lieu la cérémonie de fin d'études, aussi solennelle que celle de la rentrée scolaire.

　学年の始まりは4月です。新入生や教員、保護者、そしてPTAや同窓会の会長、自治体の関係者などの来賓が参加して入学式が行われます。日本人は入学式と桜の花は切っても切れないものだと考えていて、海外の学校との交流を促進するために新学年の始まりを9月にしようという議論が起きたとき、多くの人が反対したほどです。春または秋に運動会、秋には文化祭があります。夏の林間学校、年に1，2回の遠足のほか、修学旅行もあります。そして3月の卒業式では、入学式と同じように盛大な式典が行われます。

67 Les langues étrangères
外国語

Q. En quelles langues peut-on communiquer au Japon ?
日本で通じる外国語は何語ですか？

R. C'est en anglais que vous avez le plus de chances d'être compris. La plupart des Japonais qui ont suivi l'enseignement obligatoire après la guerre ont appris l'anglais à partir de 12 ans. Pourtant il faut remarquer que peu savent communiquer sans problème en anglais. En général, les Japonais jusqu'ici ont suivi des cours centrés sur la grammaire et la lecture pour se préparer aux concours d'entrée à l'université ; ils n'ont presque jamais eu l'occasion de pratiquer l'anglais. Beaucoup ont abandonné l'anglais après la fin de leurs études, d'autres arrivent à lire, mais pas à parler en anglais.

　一番よく通じるのは英語です。戦後に義務教育を受けた日本人のほとんどは12歳から英語を学んでいます。けれども英語で問題なくコミュニケーションができる人は少ないと思ってください。これまでほとんどの日本人は、学校で文法や講読中心の授業を受けて大学入試の準備をするばかりで、実際に英語を使う機会はほとんどなかったといえます。学校を離れたあとは英語とまったく縁がない、あるいは読むことはできても話すのは苦手という人が多いのです。

Q. Et les jeunes ?
若い人はどうですか？

R. Il y a de plus en plus de jeunes qui parlent bien l'anglais ; aujourd'hui on peut faire des voyages et des études à l'étranger plus facilement qu'avant, et il y en a beaucoup qui passent leur enfance à l'étranger à cause du travail des parents. Pourtant le niveau général n'est pas encore suffisamment élevé. Cela suscite de nombreuses discussions et tentatives de réforme. L'enseignement de l'anglais, au collège et au lycée comme à l'université, accorde plus d'importance à la communication. Et à l'école primaire, des activités en langues étrangères (pratiquement toujours en anglais) sont obligatoires depuis 2011 pour les enfants de 5e et de 6e année (10-12 ans).

　英語が使える人は増えています。外国旅行や留学が以前より簡単にできるようになりましたし、親の仕事のために外国で子供時代を過ごすケースもよくあるからです。ところが全体的なレベルはなかなか上がりません。そのため、さまざまな議論や改善の試みが行われています。中学、高校そして大学での英語教育はコミュニケーション能力を重視するようになっています。また、2011年度からは小学校5〜6年生（10〜12歳）で外国語活動（実際には英語活動）が必修になりました。

Q. N'enseigne-t-on pas d'autres langues étrangères ?
英語以外の外国語は教えないのですか？

R. La plupart des Japonais commencent à apprendre une langue étrangère autre que l'anglais à l'université. Autrefois, la majorité des étudiants apprenaient le français ou l'allemand, mais depuis les années 90, ils ont tendance à choisir plus volontiers le chinois, le coréen ou l'espagnol. Il y en a qui apprennent au collège et au lycée une autre langue étrangère à la place de l'anglais, mais ils sont très peu nombreux. En 2011, par exemple, environ 520 000 lycéens ont choisi l'anglais au test du Centre des admissions à l'université alors que seulement 392 ont choisi le chinois, 163 le coréen, 151 le français et 132 l'allemand. Ceci dit, l'enseignement des deuxièmes langues étrangères (le français, l'allemand, le chinois, le coréen, l'espagnol, etc.) se développe petit à petit dans les lycées.

　ほとんどの日本人は、大学に入って初めて、英語以外の外国語を学びます。以前は大多数の学生がフランス語かドイツ語を学んでいましたが、1990年代以降は中国語、韓国語、スペイン語の人気が高まっています。中学、高校で英語の代わりに別の外国語を学ぶ人もいますが、ごく少数です。たとえば2011年の大学入試センター試験では、英語の受験者が約52万人だったのに対し、それ以外の外国語は中国語392人、韓国語163人、フランス語151人、ドイツ語132人でした。とはいえ、2つ目の外国語としてフランス語、ドイツ語、中国語、韓国語、スペイン語などを教える高校は、少しずつですが増えています。

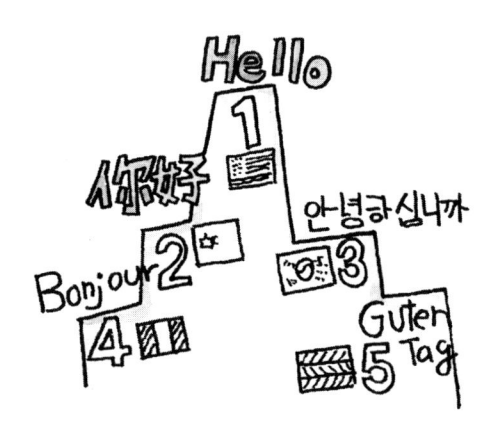

68 Les problèmes de l'éducation
教育上の問題

Q: Actuellement, quels sont les problèmes dans le domaine de l'éducation ?

教育の分野では今、どんなことが問題になっていますか？

R: En ce qui concerne les études, il existe deux phénomènes contradictoires : d'une part, on étudie beaucoup en dehors de l'école, du collège ou du lycée en allant à un *juku* car il y a une forte concurrence aux concours d'entrée ; d'autre part, le niveau de connaissances des enfants baisse, conséquence de « l'éducation *yutori* » (diminution des heures de cours et augmentation des activités basées sur la réflexion, la pratique personnelle, etc.) introduite dans les années 80 et renforcée à partir de 2002.

学習に関しては、ふたつの矛盾する現象が起きています。小学、中学、高校では入試のための過酷な競争で、塾に通うのが当たり前になっています。その反面、1980年代から段階的に導入され、2002年以降強化された「ゆとり教育」政策（授業時間を削減し、考察、実践などの活動を増やす）の結果として学力が低下しているのです。

Q: Qu'en est-il des relations humaines ?

人間関係についてはどんな問題がありますか？

R: Il y a des problèmes de *ijime* (brimades) ou de violence. Le stress peut provoquer une pathologie psychosociale appelée *hikikomori* (retrait sur soi) qui consiste à refuser tout contact avec le monde extérieur. On voit aussi des parents qui demandent à l'école de prendre en charge des tâches qu'ils doivent normalement assumer, par exemple éduquer leur enfant, ou qui exigent une protection excessive.

いじめや暴力が問題になっています。そうした人間関係のストレスからひきこもりになり、外の世界とのコンタクトを完全に拒否することもあります。また、保護者が学校に対して、本来家庭で行うべきしつけを期待したり、過剰な保護を求めたりするという現象も見られます。

◇ Et au niveau universitaire ?
大学レベルではどんな問題がありますか？

❷ Les enseignants doivent se consacrer de plus en plus à des tâches administratives et à des réunions, ce qui est un grand problème pour l'université en tant qu'institution de recherche. D'autre part, aujourd'hui, plus de la moitié des jeunes qui ont terminé le lycée entrent à l'université ; ce n'est plus le lieu de formation d'une élite. Il est donc nécessaire pour l'université, institution d'enseignement, de revoir son programme d'études et ses méthodes d'enseignement selon les besoins de ces étudiants. On dit aussi qu'il est difficile d'entrer à l'université japonaise, mais facile d'en sortir. Une fois à l'université, en effet, il y a des étudiants qui ne travaillent pas beaucoup ou qui s'absentent régulièrement, mais à qui certains professeurs accordent quand même des unités d'enseignement. En France, il y a beaucoup d'étudiants qui quittent l'université à cause de leurs résultats insuffisants mais au Japon, c'est surtout à cause des difficultés financières de leurs parents qui ne peuvent plus payer les frais de scolarités élevés. Il y en a aussi qui ne s'intéressent plus aux études universitaires et choisissent une école spécialisée liée plus directement à leur future carrière.

教員が会議や事務的な仕事に多くの時間を割かなくてはならないことは、研究機関としての大学にとって大きな問題です。また、今日では高校を卒業した若者の半数以上が大学に進学します。大学はエリート養成の場ではなくなっているのです。そこで教育機関としての大学は、変化している学生のニーズにあわせてカリキュラムや教育法を再検討する必要があります。日本の大学に入るのは難しいけれど、出るのは易しいともいわれます。実際、いったん大学に入ってしまうと勉強しなくなる学生や欠席ばかりの学生もいますが、それでも単位がもらえることもあります。フランスでは授業についていけずに大学をやめる学生が多いようですが、日本では授業料がかなり高額なので、退学のおもな理由は親の経済状態が悪くなって授業料が払えないというものです。また大学の勉強に興味がなくなり、将来の仕事に直結する専門学校に入りなおす学生もいます。

第8章
伝統文化

La culture traditionnelle

69 Le *kimono*

和 服

Q Les Japonais portent-ils quotidiennement le *kimono* ?

日本人は日常的に着物を着ますか？

R Ceux qui portent le *kimono* tous les jours, hommes ou femmes, ne sont pas nombreux. Des personnes qui ont une profession particulière comme les serveuses de restaurant typiquement japonais, les patronnes et les employées des *ryokan* (auberge japonaise), les professeurs de cérémonie du thé ou de danse japonaise par exemple, sont en *kimono*. Les autres sont d'habitude vêtus à l'occidentale.

毎日着ている人は、男女ともあまり多くありません。日本料理店の給仕、旅館の女将や仲居、茶道や日本舞踊の師範といった、特殊な職業に就いている人くらいです。それ以外の人は普段、洋服を着ています。

Q Alors, quand porte-t-on le *kimono* ?

では、一般の人が着物を着るのはどんなときですか？

R Pour les femmes, le *kimono* est la tenue la plus habillée. Elles le mettent donc à l'occasion d'un mariage, d'une soirée ou d'une visite importante. Mettre un *kimono* demande une technique particulière et si on n'en a pas l'habitude, il est difficile de bien s'habiller. C'est pourquoi, quand elles doivent porter le *kimono*, beaucoup de femmes vont dans un salon de coiffure où il y a une habilleuse pour la mise en place du *kimono*. Par la même occasion, elles se font coiffer en harmonie avec le *kimono*.

着物は女性にとって一番の正装で、結婚式、パーティ、大切な訪問のときなどに着ます。着付けには技術が必要で、慣れていないと、着物を

きちんと着るのは難しいです。そのため美容院で着付けを依頼する人が多くいます。このとき、和装に似合う髪型にセットしてもらいます。

Q Quelles sont les différentes sortes de *kimono* ?
着物にはどんな種類がありますか？

R Le *kimono*, habillé ou plus simple, se distingue par la matière et le style des motifs. Sur un *kimono* habillé, il y a toujours le blason de la famille. La longueur des manches est différente selon l'âge : les manches des jeunes filles, appelées *furisode*, sont longues, et celles des femmes mariées sont courtes. Autrefois, à l'âge de 18 ans ou après le mariage, on coupait les manches pour en diminuer la longueur.

まず素材やデザインなどによって、フォーマルな場面で着るものとカジュアルな場面に着るものに分かれます。フォーマルな着物にはかならず紋がついています。また、袖の長さは年齢層によって変わります。振袖と呼ばれる袖の長い着物は未婚女性用、袖の短い着物は既婚女性用という区別もあります。昔は女性が18歳になったとき、または結婚した際に、それまで着ていた振袖の長い袖を切って短くしました。

Q Est-ce que le *kimono* change selon les saisons ?
季節によって着るものが異なりますか？

R Oui. On choisit la matière et le tissage en fonction des saisons en jouant aussi sur le choix de la doublure. Dans le monde du *kimono*, il est chic d'introduire des signes précurseurs de la saison à venir. Par exemple, sur le *kimono* ou l'*obi* (ceinture) de plein été, pour exprimer la sensation de fraîcheur, on peut avoir des motifs de fleurs d'automne.

はい。四季にあわせて材質や織りを選び、裏地を工夫するのも楽しみのひとつです。着物の世界では、季節の柄を実際よりも一足早く身につけるのが粋とされてきました。たとえば真夏に着る着物や帯には、涼感

を与えるために秋の草花の柄を使うことがあります。

Ⓠ Y a-t-il des *kimono* plus décontractés ?
気軽に着られる着物はありますか？

Ⓡ Oui, le *yukata*. C'est un *kimono* simple en coton pour l'été, qui est plus facile à mettre. Il y a de plus en plus de jeunes, garçons et filles, qui le portent pour aller voir les feux d'artifice ou pour les *matsuri* (fêtes). Le *yukata* est à l'origine un peignoir de bain, alors il est utilisé comme vêtement d'intérieur dans les hôtels et les *ryokan*. Pour attirer la clientèle, il y a même des *ryokan* où les clientes peuvent choisir le *yukata* qu'elles aiment avec des motifs à leur goût.

はい、ゆかたがあります。ゆかたは夏に着る木綿の普段着で着やすいです。男女を問わず、花火大会や祭りにゆかたを着ていく若者が増えています。ゆかたはもともと湯上がりに着るもので、宿泊施設の館内着としても利用されています。旅館のなかには女性用ゆかたの柄が選べることをセールスポイントにするところもあります。

Ⓠ Quelles sont les différences entre un *kimono* et un vêtement occidental ?
着物と洋服のちがいは何でしょうか？

Ⓡ Le tissu pour *kimono* se présente sous la forme d'une bande d'environ 36 cm de large et 12 m de long. On coupe cette bande en plusieurs longueurs, puis on les rassemble pour former la partie du corps et celles des manches. La coupe est en général en ligne droite alors que pour un vêtement occidental, le tissu est taillé de manière à épouser la forme du corps. Pour ce qui est de l'*obi*, sa longueur varie selon le genre, mais en général, il est long d'environ 4 m. Il n'y a ni bouton ni fermeture éclair sur un *kimono* ou un *obi* : on les porte en les ajustant à son corps. C'est pourquoi on peut s'habiller du même *kimono* ou *obi* lorsqu'on grossit ou maigrit. De plus, comme le *kimono* est peu influencé par la mode et que sa forme ne varie pas, on peut le transmettre de mère en fille, de grand-mère à petite-fille, de père en fils ou encore de grand-père à petit-fils, ce qui n'est pas le cas pour les vêtements occidentaux.

　着物は幅約36cm、長さ約12mの反物で仕立てます。反物を異なる長さに切り分け、身ごろや袖などを作ります。洋服は身体の形にそった裁断をするのに対し、着物の場合は基本的に直線断ちなのです。帯は種類によっていろいろな長さがありますが、一般に4m前後です。着物や帯にはボタンやファスナーがないので、体型に合わせてサイズを調整できます。そのため、多少体型が変化しても同じものを着続けることができます。そのうえ、あまり流行に左右されず形の変化がないので、洋服とは異なり、着物は祖父母や父母のものを子孫が代々引き継いで着ることも可能です。

Ⓠ De quoi se chausse-t-on quand on est vêtu d'un *kimono* ?

着物のときには足に何をはきますか？

Ⓡ On met généralement des *tabi* (chaussettes) en coton, et des *zori*, une sorte de « tong » avec semelle compensée, recouverts de cuir ou de tissu. Quand on est en *yukata*, on porte des *geta*, socques en bois, sans mettre de *tabi*. Pour se chausser, on insère le gros orteil et les autres doigts de part et d'autre des brides. La manière chic de porter le *zori* est de ne pas trop avancer les doigts de pied dans les brides, ce qui conduit le talon à dépasser légèrement la semelle.

　正装のときには、木綿の足袋に、表が皮か布の草履（ウェッジソールの「トングサンダル」の一種）をはきます。ゆかたのときには素足に木製の下駄です。草履も下駄も、親指と人差し指のあいだに鼻緒をはさんではきます。草履は、鼻緒に指の先をひっかける程度、うしろはかかとがはみ出すようにしてはくのが粋とされています。

70 Les arts traditionnels

伝統芸術

Q Pour connaître le style architectural japonais, quels monuments faut-il voir ?

日本の建築様式を知るには、どういうものを見ればいいでしょうか？

R Vous pouvez vister les temples shintoïstes de style propre au Japon, les temples bouddhiques d'inspiration chinoise, les châteaux forts des 16e et 17e siècles, les résidences des seigneurs féodaux somptueusement décorées intérieurement, les pièces ou les pavillons de style original et recherché, réservés à la cérémonie du thé. Beaucoup de jardins japonais sont aussi conservés.

日本固有の様式による神社、中国の様式を取りいれた寺院、16〜17世紀の城郭、内部に装飾を凝らした大名屋敷、独自の意匠をもつ茶室をおすすめします。日本庭園も各地に数多く保存されています。

Q Et les autres beaux-arts ?

建築以外の美術についてはどうですか？

R Dans le domaine des beaux-arts, il faut d'abord voir les sculptures bouddhiques qui se sont épanouies sous l'influence chinoise. Il y a aussi le *yamatoe* (peinture proprement japonaise née au milieu du 9e siècle), les peintures sur rouleaux qui illustrent souvent des œuvres littéraires, les peintures au lavis introduites au Japon par les moines *zen* revenant de Chine et la peinture décorative sur les cloisons. N'oubliez pas, bien sûr, les *ukiyoe* (estampes polychromes sur bois).

美術では、まず中国の影響を受けて発展した仏教彫刻を見てください。やまと絵（9世紀半ば以降の日本独特の絵画）、多くが文学作品にもとづく絵巻物、禅僧が中国から持ち帰って広めた水墨画、装飾的な障壁画

もあります。もちろん浮世絵(多色刷りの木版)も忘れないでください。

Q Vous avez aussi une tradition d'arts décoratifs, non ?
伝統工芸もあるのでしょうね？

R
Oui, la tradition est riche aussi en arts décoratifs : la céramique, commencée à l'imitation de la Chine et de la Corée, et qui s'est développée en art spécifiquement japonais à travers la cérémonie du thé, les tissages, le travail du bois ou de l'or, les laques, le papier, etc. Chaque région a hérité de son art populaire propre.

はい、工芸にも豊かな伝統があります。中国、朝鮮の模倣にはじまり茶道とともに独特の発展を遂げた陶磁器のほか、織物、木工、金工、漆器、和紙などです。それぞれの地方には独自の民芸が継承されています。

Q Et en musique, théâtre et danse ?
音楽、演劇、舞踊などはどうでしょうか？

R
Dans la tradition musicale, on peut mentionner le *gagaku*, musique jouée sur des instruments anciens et de danse, la musique de *koto*, les chants accompagnés au *shamisen* appelés *nagauta* et *kouta*. Dans le domaine du théâtre, le *no*, le plus ancien, le *kabuki* qui date du 17e siècle, et le *bunraku*, théâtre de marionnettes, sont encore régulièrement représentés. À un niveau plus populaire, le *rakugo*, une histoire avec un dénouement piquant racontée et mimée pour faire rire, ainsi que le *manzai*, dialogue humoristique, sont toujours très appréciés de nos jours.

伝統音楽には古代の楽器による音楽と舞で構成される雅楽、琴による箏楽、三味線の伴奏による長唄、小唄などがあります。伝統演劇には、もっとも古い能、17世紀に発達した歌舞伎、人形劇である文楽などがあり、現在でも定期的に上演されています。もっと大衆的な芸能では、仕草をまじえた咄で聴衆を笑わせ最後におちをつける落語や滑稽なかけあいで笑いをとる漫才が、今日でもとても人気です。

71 Le *chanoyu*

茶の湯

Q Qu'est-ce que le *chanoyu* ?
茶の湯とは何ですか？

R Pour faire simple, c'est l'ensemble des différentes phases à respecter pour préparer le thé et le déguster. Le *chanoyu* est aussi appelé *sado* qui signifie « voie du thé ». Il a été porté à la perfection en tant qu'art par Sen-no-Rikyu au 16e siècle.

ひとことでいえば、茶をたて、それを楽しむための作法です。茶道とも呼ばれますが、これは「茶の道」という意味です。16世紀に千利休が芸術として完成させました。

Q Les règles sont-elles compliquées ?
作法は複雑ですか？

R Ces règles paraissent compliquées à première vue, mais tous les mouvements qui en résultent sont des suites de gestes rationnels, dépouillés et gracieux. La cérémonie du thé est une occasion pour tous ceux qui sont réunis de s'entendre parfaitement, oubliant, en se soumettant à ce rituel, les contraintes de la vie sociale. La conversation y est donc très importante et l'hôte se donne beaucoup de peine pour choisir ses invités, décorer la pièce et assortir les ustensiles, qui doivent susciter la conversation.

一見すると複雑ですが、そこから発する動きはすべて合理的で無駄を省いた優雅なものです。茶会は、現実の社会の拘束を離れてこの作法にしたがうことにより、集まった人々が心から打ちとけられる場です。つまり交わされる会話が非常に大切なので、主人は客の取りあわせや、茶室の飾りつけ、話題を提供する道具類の取りあわせに心を砕きます。

Q On dit que le *chanoyu* représente une certaine vision du monde. Est-ce vrai ?

茶の湯はひとつの世界観を表現するといわれますが、本当ですか？

R Oui. Le *chanoyu* est un passe-temps esthétique, mais il a aussi un côté spiritualiste qui a été accentué par l'influence du *zen*. Ceci se manifeste dans la recherche de la sérénité de l'âme et d'une attitude idéale vis-à-vis de la nature et de l'homme, ou encore dans l'esthétique de la beauté (*wabi* ou *sabi*) : on apprécie le dépouillement, le charme du vieilli, l'originalité due au hasard.

はい。茶の湯は審美的な遊びではありますが、精神主義的な側面もあり、それが禅の影響でますます強調されるようになりました。心の静寂や自然と人間に対する理想的な態度の探求、また簡素、古びた味、偶然のおもしろさなどを重んじる、わび、さびという美意識にそれが表れています。

Q Quelle sorte de thé sert-on pour la cérémonie du thé ?

茶会ではどんなお茶が出されますか？

R On sert du *matcha* dans un bol assez grand. C'est du thé vert en poudre, sur lequel on verse de l'eau bouillante et qu'on mélange avec un petit fouet en bambou qu'on appelle *chasen*. Dans les grandes circonstances, on offre du thé fort, *koicha*, et du léger, *usucha* ; entre les deux thés est servi un repas raffiné et léger qu'on appelle *kaiseki-ryori*. Lors des cérémonies simplifiées, on sert seulement une pâtisserie et du *usucha*.

抹茶が、大きめの茶碗で出されます。粉末にした緑色のお茶で、熱湯をそそぎ、茶筅という竹製の泡だて器で混ぜてたてます。正式の茶事では、懐石料理と呼ばれる洗練された軽い食事をはさんで、濃茶と薄茶が出されます。略式の場合は、お菓子と薄茶です。

⟨Q⟩ **Que faut-il savoir pour assister à une cérémonie du thé ?**

茶会に出るための心得を教えてください。

⟨R⟩ Il faut apprendre les gestes rituels pour goûter le thé. Il est aussi important de cultiver sa sensibilité esthétique pour pouvoir apprécier la nature, le décor et les ustensiles. Mais comme le plus important est l'atmosphère intime de la réunion, vous pouvez demander à l'hôte comment il faut se comporter si vous ne connaissez pas les règles.

お茶を楽しむための作法を覚えなくてはなりません。自然や茶室の飾りつけ、道具類を鑑賞できるよう、美的感覚を養うことも重要です。けれど何よりも大切なのは集まりの和やかな雰囲気ですから、作法を知らない場合は主人にどうすればよいかをたずねてかまいません。

72 L'ikebana
生け花

Q Qu'est-ce que l'*ikebana* ?
生け花とはどんなものですか？

R C'est l'art traditionnel, propre au Japon, de l'arrangement des fleurs et des branches en utilisant des ciseaux, un *kenzan* (pique-fleurs) et un vase.

日本独自の伝統的な挿花の技法で、はさみ、剣山、花器を使って、花や枝を飾ります。

Q Comment est né l'*ikebana* ?
生け花はどのようにして生まれましたか？

R Autrefois, les Japonais pensaient que des esprits descendaient et habitaient les arbres. On offrait des branches des arbres à feuilles persistantes aux ancêtres. Avec l'arrivée du bouddhisme, on a commencé à offrir des fleurs au Bouddha et aux défunts. Et comme les fleurs périssent, elles sont devenues le symbole de la vie. Plus tard, les gens ont pensé sublimer la vie éphémère de la fleur en créant et systématisant les règles de l'*ikebana*. Enfin au 15e siècle, quand le style d'habitat *shoin-zukuri* (style d'architecture des résidences des guerriers qui constitue la base des maisons traditionnelles) s'est répandu, le bouquet placé initialement sur l'autel des ancêtres a été déplacé dans le *tokonoma* et est devenu un élément important de la décoration d'intérieur.

日本人は昔、樹木に神霊が降りて宿ると考えていました。先祖には常緑樹の枝を供えました。仏教が伝来すると、仏や死者に花を供えるようになりました。そして咲いては散るその姿から、花は生命の象徴と捉えられるようになるのです。やがて、一度かぎりの花の命ならばそれをひ

ときわ輝かせよう、という精神から、生け花の作法が体系化されたといわれます。15世紀に書院造り（伝統的な和風住宅の基礎となっている、武家屋敷の様式）の建築が広まると、仏前の供花は床の間に飾られ、次第に室内装飾で重きをなすようになりました。

Ⓠ Quelles différences y a-t-il avec le bouquet à l'occidentale ?
西洋のフラワーアレンジメントとはどうちがうのですか？

Ⓡ En plus des fleurs, traditionnellement, on utilise aussi des branches d'arbres. Et pour dégager la pureté des lignes, on élimine les fleurs, les feuilles et les branches superflues : on recherche comment créer la beauté avec peu d'éléments.

伝統的には花だけでなく木の枝も使います。そして、すっきりした線を際立たせるために、花や葉、枝を少なくして、いかに少ない要素で美しく見せるかを工夫します。

Ⓠ Y a-t-il beaucoup de gens qui pratiquent l'*ikebana* ?
生け花を習う人は多いですか？

Ⓡ Oui. L'*ikebana*, comme la cérémonie du thé, a été considéré pendant longtemps comme un art indispensable pour les femmes, et aujourd'hui les jeunes femmes qui apprennent l'*ikebana* sont de plus en plus nombreuses ; elles veulent retrouver dans sa pratique un moment de repos spirituel. Il y a beaucoup de personnes qui se découvrent en regardant leur propre œuvre.

はい。ひと昔前までは、生け花は茶の湯とともに女性が身につけるべき教養とされてきました。最近では、花を生けることで心のゆとりを取り戻そうと、生け花を習う若い女性が増えています。生けた花を見て、そこに投影された自分の心を知る人も多いようです。

73 Le *bunraku*

文 楽

Q Qu'est-ce que le *bunraku* ?
文楽とはどういうものですか？

R C'est un des théâtres traditionnels de marionnettes, *ningyo-joruri*. Sa forme actuelle a été établie au 17e siècle.

伝統的な人形芝居、人形浄瑠璃のひとつです。17世紀に今日のかたちになりました。

Q Pouvez-vous préciser avantage ?
もう少し詳しく教えていただけますか？

R Il est composé de trois éléments : la narration chantée, le *joruri*, le *shamisen* qui l'accompagne et les poupées. Le narrateur, avec le *shamisen*, s'installe sur une scène tournante, à droite de la scène principale, et raconte l'histoire d'une voix particulière. Il est souvent difficile pour les spectateurs d'aujourd'hui de comprendre ce qu'il dit, alors on peut acheter les textes lors de la représentation pour mieux suivre le spectacle.

文楽は3つの要素からなっています。謡いによる語りである浄瑠璃、伴奏の三味線、そして人形です。語り手の太夫は三味線とともに上手の回り舞台に座り、独特の声で語ります。現代人には語りがわかりにくいこともあるので、理解を助けるために会場では台本を売っています。

Q Décrivez-moi ces poupées.
どのような人形か説明してください。

R Ce sont de grandes poupées qui mesurent entre un mètre et un mètre cinquante. Elles sont faites de telle manière qu'on arrive à leur faire exprimer les sentiments humains avec des mouvements frappants de vérité. Leur tête contient des mécanismes précis : les paupières, les lèvres et les sourcils sont mobiles et leur permettent de reproduire une physionomie expressive et vivante.

人形は1m〜1.5mの大きさで、真に迫った動きで人間の感情を表現します。頭部には精巧な仕掛けが施してあり、まぶた、唇、眉などが動いて、生き生きとした表情を巧みに表すことができます。

Q Manipule-t-on les poupées tout seul ?
人形はひとりで操作するのですか？

R Non. Les poupées principales sont manipulées chacune par trois marionnettistes. Le premier s'occupe de la tête et de la main droite, le deuxième de la main gauche et le troisième des jambes.

いいえ、そうではありません。主要な人形は、ひとつを3人の人形使いが動かします。1人目が首と右手、2人目が左手、3人目が足を受けもつのです。

74. Le *no* et le *kyogen*

能と狂言

Q : Qu'est-ce que le *no* et le *kyogen* ?
能と狂言について教えてください。

R : Le *no* et le *kyogen* sont des théâtres traditionnels créés au début de l'époque de Muromachi (14ᵉ siècle), que l'on appelle globalement *nogaku*. C'est le plus ancien théâtre du monde qui se joue encore de nos jours. Le *nogaku* est un théâtre musical puisqu'il y a des danses et des chants aussi bien que du jeu théâtral. On peut dire également que c'est un théâtre masqué, car les joueurs portent un masque.

能と狂言は室町時代初期（14世紀）に成立した伝統芸能で、あわせて能楽と呼ばれます。現代に継承されている演劇としては世界最古です。能楽は芝居のみならず舞や歌の要素をあわせもつ音楽劇です。能面をつけて演じられるという点では仮面劇でもあります。

Q : Quelle est la différence entre le *no* et le *kyogen* ?
能と狂言はどうちがうのですか？

R : Le *no* se compose de chant et de danse. Y apparaissent des revenants, des esprits, des divinités féminines du ciel et des personnes en transe. Les pièces sont plutôt des tragédies, et les histoires chimériques et tourmentées parlent des regrets. Par exemple, une personne morte réapparaît sur terre sous forme de revenant et se venge ou vient exprimer les sentiments qu'elle n'a pas pu communiquer de son vivant. Le *kyogen* au contraire, est un théâtre plus dialogué, comique. Il s'inspire de la vie quotidienne du peuple ou des contes et des histoires de la tradition orale. Il décrit l'être humain d'une manière réaliste, alors que le *no* s'inspire de faits historiques ou d'œuvres littéraires classiques. On peut dire que le *no* est comme une tragédie antique, et le *kyogen* comme un fabliau du Moyen-Âge.

能は歌と舞で構成されます。能には、幽霊や精霊、天女や物狂いなどが登場します。悲劇に分類される演目が多く、亡くなった人物が亡霊となって復讐に現れたり果たせなかった思いを告げに来たりといった、妄想や執念に彩られた心残りの物語が中心です。それに対して狂言は、笑いを基調とした対話劇です。また歴史や古典文学に取材する能とは対照的に、狂言は庶民の日常や民間説話を素材として、普遍的な人間像を写実的に描き出します。このことから能を古代ギリシアの悲劇、狂言を中世のファブリオになぞらえることもできるかもしれません。

Ⓠ Le *no* et le *kyogen*, sont-ils joués dans des lieux particuliers ?

能と狂言は特別な場所で演じられるのですか？

Ⓡ Oui. Ils se jouent sur une scène de forme particulière appelée *no-butai*. La scène est un carré de 5,5 m avec un toit. Trois côtés sont vides et sur l'unique mur du fond est dessiné un pin. Il n'existe ni décor à proprement parler, ni rideau qui sépare la scène des spectateurs. Le *no* et le *kyogen* se jouent alternativement sur la même scène. Le *no* qui recherche la beauté idéale et le *kyogen* qui exprime l'humour d'une manière réaliste sont des théâtres complémentaires.

はい。能舞台という専用の形式をもった舞台で演じられます。舞台は5.5m四方で、屋根がついています。三方が吹き抜けで、正面奥だけにある壁には松が描かれています。舞台には一般的な意味での舞台装置はなく、舞台と観客席を隔てる幕もありません。能と狂言は同じ舞台で交互に演じられます。理想美を追及する能と、ユーモアを写実的に表現する狂言は、相互補完的な役割を担うのです。

◆ Comment sont les masques ?
面についても教えてください。

▶ Ils sont très symboliques. Les masques sont sculptés dans du bois puis peints, et peuvent se diviser en cinq catégories : les démons, les personnes âgées, les hommes, les femmes et les esprits. On compte 60 styles de base, mais de nos jours il en existe environ 200. La physionomie de chaque masque est en elle-même peu expressive et c'est l'acteur qui, par ses mouvements, lui confère les expressions les plus subtiles. En japonais, on dit « un visage de masque de *no* » pour parler d'un visage sans expression.

面はたいへん象徴性の強いものです。木を彫って彩色を施してあり、鬼神、老人、男、女、霊の5つに大別されます。基本型は60種、今日では約200種あるといわれます。面自体にはほとんど表情がないため、面に微妙な表情を与えるのは役者の動きです。日本語では無表情を「能面のような顔」と形容することがあります。

75 Le *kabuki*

歌舞伎

Q Qu'est-ce que le *kabuki* ?
歌舞伎とはどういうものですか？

R
C'est un théâtre traditionnel qui date du 17ᵉ siècle. Il comporte trois éléments : la musique, la danse et le jeu théâtral. Tous les acteurs sont des hommes. Une autre caractéristique est qu'il n'y a pas de metteur en scène. Un acteur populaire et talentueux, le *zagashira*, dirige l'ensemble du spectacle. Le jeu du *kabuki* obéit à des formes raffinées et bien définies depuis des générations, les *kata*. C'est peut-être la raison pour laquelle il n'a pas besoin de metteur en scène.

歌舞伎は17世紀から続いている伝統芸能です。音楽、舞踏、役者の演技の3要素からなる芝居で、男性のみが演じます。もうひとつの特徴は演出家がいないことです。人気と実力を兼ねそなえた「座頭」という俳優がすべてを指揮するのです。歌舞伎には、代々継承されるなかで洗練され固定化した「型」という表現様式があります。そのため、演出家を必要としないともいえます。

Q Quels sont les sujets du *kabuki* ?
歌舞伎の出しものはどういう内容ですか？

R
Certaines pièces, ou *dashimono*, traitent de la vie des guerriers et des aristocrates des époques antérieures à celle d'Edo. D'autres, de la vie des gens du peuple ou des événements de l'époque d'Edo. D'autres encore se composent surtout de danses. Il y a aussi de nouvelles pièces créées après l'ère Meiji.

出しものには、江戸時代以前の武士や貴族の生涯を扱ったもの、江戸時代の庶民の生活や事件を扱ったもの、また踊りを主にした出しものもあります。明治以降に創作された新しい歌舞伎もあります。

Q Le *kabuki* est-il encore populaire ?
歌舞伎は今でも人気がありますか？

R Oui. Avant, le *kabuki* qui est un théâtre traditionnel donnait l'impression d'être difficile. Mais aujourd'hui, il a gagné de la popularité auprès des jeunes grâce aux efforts et au brillant travail des acteurs. On peut voir dans les salles de *kabuki* de nombreuses jeunes femmes habillées en *kinomo*.

はい。ひと昔前までは伝統芸能ということで敷居が高いイメージがありました。けれども最近は歌舞伎俳優たちの努力や活躍もあって、若者にもたいへん人気があります。観客席には和服姿の若い女性の姿も数多く見られるようになってきました。

Q Est-ce qu'on peut voir le *kabuki* seulement au Japon ?
歌舞伎は日本でしか見られませんか？

R Non. Ces derniers temps, les acteurs de *kabuki* ont commencé à se produire dans des pays étrangers. Ils ont donné des représentations notamment à New York, Paris, Londres, Berlin, Pékin, qui ont été très appréciées des spectateurs.

そんなことはありません。最近は歌舞伎役者が海外で公演することもあります。ニューヨークやパリ、ロンドン、ベルリン、北京などでも公演し、高い評価を受けています。

76 Le *haiku*

俳 句

Q Au Japon, il y a des poèmes très brefs, n'est-ce pas ?
日本には非常に短い詩があるのですよね？

R Oui, ce sont les *haiku*. Un *haiku* est un poème de forme fixe de 17 syllabes seulement. Il se compose de trois vers comportant respectivement cinq, sept et cinq syllabes. On dit que c'est le plus court poème au monde.

はい、俳句のことですね。俳句はわずか17音節の定型詩で、5、7、5の3詩句からなります。世界最短の詩といわれます。

Q Comment est le *haiku* ?
俳句とはどのようなものですか？

R Je vais vous expliquer en prenant comme exemple un *haiku* d'un poète célèbre du 17ᵉ siècle, Matsuo Basho : « *Nastukusaya*, *Tsuwamonodomoga*, *Yumenoato* » (Herbes d'été, / De braves guerriers / Vestiges de rêves). Le poète a composé ce *haiku* lorsqu'il voyageait dans la région de Tohoku dans le nord-est du Japon. Il a visité Hiraizumi qui en a été la capitale, lieu de résidence des seigneurs au 11ᵉ et 12ᵉ siècles, et a exprimé dans son poème la mutabilité de la vie éphémère : « Ah, cet endroit qui a vu tant de rêves et d'ambitions, n'est plus qu'une terre recouverte d'herbes d'été ». Ce court poème, n'évoque-t-il pas de nombreuses images ? Ne sentez-vous pas de l'émotion ?

松尾芭蕉という17世紀の有名な俳人の句をひとつ例にとって説明しましょう。「夏草や　兵どもが　夢の跡」という句です。これはこの俳人が日本の北東部、東北を旅した際に詠まれました。11~12世紀に勢力を誇った貴族が拠点としていた平泉を訪れ、「幾多の夢や野望が行き

交ったこの地も、今となっては夏草が静かに生い茂っているだけなのだなあ」と無常観を詠んだものです。たったこれだけの短い詩から、たくさんの情景が浮かびませんか？　感情が胸に迫ってきませんか？

ⓠ Quel est l'idéal du *haiku* ?
俳句の目指すところは何ですか？

ⓡ Les poètes doivent saisir intuitivement un instant de la nature et de la vie, rappelant toujours une saison, et le cristalliser. Il faut pour cela utiliser au moins un mot ou un vers, *kigo*, qui représente une saison. Le *haiku* est ainsi étroitement lié à la sensibilité des Japonais vis-à-vis des changements de la nature suivant les saisons.

　俳句を詠む人は、自然と人生のある一瞬を直感的にとらえ、常にある季節を思い起こさせながら、それを結晶させなくてはなりません。そのため少なくともひとつは季節を表す語か句、すなわち季語を使わなくてはなりません。俳句は季節ごとの自然の変化に対する日本人の感性と密接に結びついているのです。

ⓠ Le *kigo* est-il indispensable au *haiku* ?
季語はかならず入れなければならないのですね？

ⓡ Non. En fait, le *haiku* moderne n'exige pas nécessairement un *kigo*. Mais en général, le poème à 17 syllabes sans *kigo* fait partie d'un autre genre, le *senryu*. C'est un poème humoristique ou sarcastique critiquant souvent les faiblesses des gens ou de la société.

　いいえ。実は現代俳句は必ずしも季語を要求しません。けれども一般に、季語のない17音節の詩は川柳という別のジャンルになります。こちらは滑稽、あるいは皮肉っぽい詩で人間や社会の弱さをつくものが多いのです。

Q Y a-t-il beaucoup d'amateurs de *haiku* ?
俳句の愛好家はたくさんいますか？

R Oui. Tous les Japonais depuis leur enfance connaissent plus ou moins les *haiku* des grands poètes. Beaucoup en font eux-mêmes : les journaux publient chaque semaine des *haiku* des lecteurs.

　はい。程度の差はあれ、日本人は子供の頃から有名な俳人の句に親しんでいます。自分で作る人も多く、新聞に毎週、読者の俳句が発表されるくらいです。

77　Le *waka*

和　歌

Q Qu'est-ce que le *waka* ?
和歌とは何ですか？

R Le *waka* est le terme général pour désigner les poèmes japonais classiques plus anciens que le *haiku*, et plus particulièrement le *tanka*.

和歌は俳句より古い日本の古典詩の総称ですが、とくに短歌を指します。

Q Alors, dites-moi ce que c'est que le *tanka*.
では、短歌について教えてください。

R C'est un poème de 31 syllabes, c'est-à-dire cinq vers de 5-7-5-7-7 syllabes. Le *tanka*, à la différence du *haiku*, n'exige pas l'évocation d'une saison. Souvent, il exprime directement des sentiments.

短歌は31音節、つまり5、7、5、7、7の5詩句からなる詩です。短歌は俳句とちがって、かならずしも季節を思い起こさせる必要はありません。感情そのものを表現することがよくあります。

Q Est-ce que le *waka* est populaire ?
和歌は親しまれていますか？

R Moins qu'autrefois. Mais les enfants apprennent les *waka* anciens à l'école, et plus tard, on s'en souvient surtout grâce au *hyakunin-isshu*, jeu de cartes qui exige la connaissance des *waka* de cent poètes anciens et célèbres. Il y a, d'autre part, beaucoup de poètes amateurs qui en envoient aux journaux et aux revues littéraires.

昔ほどではありません。でも子供たちは学校で古い和歌を学びますし、大人になってからもいくつかは覚えています。これはとくに、百人の有名な昔の歌人の和歌を知っていないとできない百人一首というかるた遊びのおかげです。また、新聞や文芸雑誌に自作の和歌を投稿する愛好家もたくさんいます。

◆Q◆ Comment joue-t-on au *hyakunin-isshu* ?
百人一首かるたの遊び方を教えてください。

◆R◆ Un jeu de *hyakunin-isshu* se compose de 200 cartes : 100 cartes à lire et 100 à prendre. D'abord, on dispose sur les *tatami* les 100 cartes à prendre sur lesquelles figurent seulement les deux derniers vers d'un poème. Une personne lit un à un à haute voix les poèmes écrits sur chacune des cent cartes à lire. Les participants doivent trouver le plus vite possible la carte correspondante. Le gagnant est celui qui a pris le plus de cartes. On a plus de chances de gagner si on a bien mémorisé les poèmes, car on peut prendre une carte dès qu'on a entendu le premier vers, ou même la première syllabe.

百人一首の札には、読み札100枚、取り札100枚、計200枚あります。まず畳の上に、最後のふたつの詩句だけが書かれた取り札を100枚すべて並べておきます。ひとりが読み札にある歌人の歌を次々に読みあげます。他の人はそれぞれに対応する札をできるだけ早く見つけて取らなくてはなりません。一番多く札を取った人の勝ちです。歌を暗記しておけば、最初の詩句、場合によっては最初の文字を聞いただけで札を取ることができ、有利になります。

第9章
宗教

La religion

78 Les religions

宗　教

Q: Quelles sont les religions pratiquées par les Japonais ?

日本人はどんな宗教を信じていますか？

R: La Constitution japonaise assure la liberté de religion, et diverses religions sont pratiquées. Ceci dit, il n'est pas facile de comprendre l'attitude des Japonais envers la religion. Selon les déclarations des organisations religieuses, il y avait en 2008 environ 108,4 millions de shintoïstes, 87,5 millions de bouddhistes, 2,4 millions de chrétiens et 8,9 millions de croyants d'autres religions. Le nombre total des croyants dépasserait la population (127,7 millions).

　日本では憲法で信仰の自由が保障されており、さまざまな宗教の信者がいます。けれども、日本人の宗教との関わり方を理解するのは簡単ではありません。各宗教団体の発表による2008年の信者数は、神道系が約1億840万人、仏教系が約8750万人、キリスト教系が約240万人、その他の宗教が約890万人でした。それらの信者数を合計すると総人口（1億2770万人）を上まわってしまいます。

Q: C'est curieux...

それは不思議ですね。

R: N'est-ce pas ? D'un autre côté, selon une enquête de 2008, 72 % des Japonais interviewés ont répondu qu'ils n'avaient pas de religion particulière. Pour comprendre cela, il faut savoir que le concept de religion chez les Japonais est totalement différent de celui des chrétiens : une religion n'exclut pas les autres, et de nombreux Japonais sont très naturellement liés à plus d'une religion, et parfois même sans y réfléchir vraiment. On trouve encore dans beaucoup de familles un autel domestique bouddhiste à côté d'un autre shintoïste. Il n'y a rien d'étonnant à se marier devant un autel chrétien, d'emmener ses enfants au sanctuaire shintoïste à leur naissance et de se faire enterrer selon les rites bouddhistes.

そうですよね？　一方で、2008年に行われた面接調査では、72%の人が特定の宗教を信仰していないと回答しているのです。これは、日本人の持つ宗教の概念がキリスト教徒の宗教観とはまったく異なるものだということを知らないと、理解しがたいことだと思います。日本ではひとつの宗教は他を排除するものではなく、多くの人がごく自然に、ときには深く考えることのないまま、複数の宗教と関わりを持ちます。仏壇と神棚が並んでいる家もよくあります。キリスト教式の結婚式を挙げ、生まれた子供をつれてお宮参りに行き、仏式の葬式をとりおこなうのもごく普通のことです。

Q Pouvez-vous m'expliquer un peu plus ?
もう少し説明していただけますか？

R Ce qui constitue la base de la culture japonaise, c'est un ensemble de diverses religions : le bouddhisme, le shintoïsme et les croyances populaires, qui sont inséparables du culte des ancêtres. Le shintoïsme, qui est une religion propre au Japon depuis toujours, a coexisté avec le bouddhisme depuis son introduction au 6e siècle : ils se sont mutuellement influencés de manière considérable. Malgré le gouvernement de Meiji qui a donné une grande importance au shintoïsme et a poursuivi une politique ferme de séparation avec le bouddhisme, le culte mixte a subsisté dans la vie du peuple.

日本文化の根底には仏教と神道、そしてさまざまな民間信仰があり、それらは祖先崇拝を根本として分かちがたく結びついているのです。神道ははるか昔から続く日本固有の宗教ですが、6世紀に仏教が入ってきてからは、両者が大きく影響しあいながら共存してきました。明治時代の政府が神道を重んじ、強力な神仏分離政策を進めたにもかかわらず、民衆の生活にはなお神仏習合が残っているのです。

79 Le shintoïsme

神　道

Q Quelles sont les caractéristiques du shintoïsme ?
神道はどのような宗教ですか？

R Le shintoïsme est une religion propre au Japon, née de son paysage culturel et de ses coutumes. Il a joué un rôle important pour maintenir la cohésion de la collectivité. Il s'est développé à partir d'un culte primitif et a subi les influences de croyances populaires, du bouddhisme, du confucianisme, etc. Il ne forme pas un système rationalisé. Le shintoïsme est polythéiste : tout ce qu'il y a dans l'univers est régi par les dieux. On croit depuis longtemps que les âmes des morts restent là où ces derniers ont vécu pour devenir des dieux gardiens. Le culte des ancêtres est ainsi un des éléments essentiels du shintoïsme. On croit aussi pouvoir être lavé par des cérémonies, *harai* ou *misogi*, de toutes ses fautes et souillures.

神道は日本固有の宗教で、この国の風土や生活習慣から生まれたものです。共同体を維持するために重要な役割を果たしてきました。神道は古代の原始宗教が民間信仰、仏教、儒教などの影響を受けて発達したもので、あまり体系化されてはいません。神道は多神教で、地上の森羅万象は神々に支配されていると考えます。日本では古くから、人の霊は死後もその土地にとどまって守り神になると信じられています。ですから祖先の崇拝は神道のもっとも重要な要素のひとつです。また、あらゆる罪やけがれはハライやミソギといった神事で清められるとされています。

Q Le shintoïsme est donc bien enraciné dans la vie des Japonais ?
神道は日本人の生活に密着しているようですね。

R Oui. Beaucoup de gens vont au sanctuaire shintoïste au Nouvel An, à *shichi-go-san* (la fête des enfants âgés de 7, 5 et 3 ans) et à bien d'autres occasions. On y fait des prières et des vœux et tire au sort les *omikuji*, divinations écrites sur une bande de papier. Beaucoup de gens portent des amulettes pour être en sécurité sur les routes, pour réussir leurs études ou pour trouver un mari ou une femme. Le mariage se célèbre souvent selon les rites shintoïste. Une cérémonie shintoïste est systématiquement célébrée devant les dieux du sol avant la construction d'un immeuble même moderne.

はい。多くの人が初詣や七五三（7歳、5歳、3歳になる子供のお祝い）、その他さまざまな機会に神社にお参りをして祈願をし、おみくじ（運勢が書かれた紙片）をひきます。交通安全、学問成就、縁結びなどのお守りを持つことも多いです。結婚式を神式で挙げることもよくあります。また近代的なビルを建てるときにも、建築工事の前にはかならず地鎮祭を行います。

Q Quelles sont les caractéristiques sanctuaires shintoïstes ?

神社にはどんな特徴がありますか？

R Il y a environ 85 000 sanctuaires shintoïstes au Japon dont beaucoup sont situés dans un bel emplacement. À l'entrée de l'enceinte, un ou plusieurs *torii* (portique sacrée) séparent symboliquement le domaine sacré du monde terrestre. La construction elle-même comporte en général un pavillon de prière et un pavillion principal où sont honorés les dieux. Ceux-ci sont souvent symbolisés par un miroir, ou parfois par un rocher, une montagne, etc.

全国で約85000の神社のうち、多くは美しい自然のなかにあります。

境内の入り口には聖域と俗世の境を象徴して、鳥居が立っています。神社の建築は普通、拝殿と御神体をまつった本殿からなります。御神体は鏡が多いのですが、岩や山などのこともあります。

Q J'ai entendu dire que le shintoïsme était la religion d'État…

神道は国家宗教だったと聞きましたが。

R Il l'était à partir de la Restauration de Meiji jusqu'à la fin de la Seconde Guerre mondiale. Actuellement, la séparation des religions et de l'État est établie.

それは明治維新から第2次世界大戦までの話です。現在、宗教と政府は完全に分離しています。

80 Le bouddhisme

仏　教

Q Combien y a-t-il de bouddhistes au Japon ?
仏教を信仰する日本人はどのくらいいますか？

R Il y a environ 90 millions de bouddhistes d'après les statistiques publiées par les sectes bouddhistes, or beaucoup moins de Japonais se déclarent elles-mêmes. Le bouddhisme est tout de même la deuxième religion après le shintoïsme en nombre d'adeptes.

仏教の諸宗派が発表している信徒数の合計はおよそ9000万人にのぼりますが、仏教徒を自認する人となるとはるかに少なくなります。それでも神道に次ぐ規模であることはまちがいありません。

Q Je crois qu'il y a différentes sectes bouddhiques au Japon.
日本の仏教にはいろいろな宗派があるようですね。

R Oui. Le bouddhisme a été officiellement introduit au Japon en 538 et a suivi une évolution qui a donné naissance à différents courants religieux. Parmi les plus importants, citons *Tendai-shu* (secte Tendai) et *Shingon-shu* (secte des Vraies Paroles) qui sont plutôt ésotériques, *Jodo-shu* (secte de la Terre pure) et *Jodo-shin-shu* (Vraie Secte de la Terre pure) dont l'enseignement consiste à réciter des invocations à *Amida* (Bouddha de la Terre pure de l'Ouest) et *Nichiren-shu* (secte de Lotus) qui vénèrent profondément la vertu du canon bouddhique. Il y a aussi le Bouddhisme Zen dont *Rinzai-shu* (secte Rinzai), et *Soto-shu* (secte Soto) qui croit en la possibilité d'atteindre à la vérité absolue en faisant du *zazen*.

はい。仏教の公伝は538年のことですが、発展の段階でさまざまな宗派が生まれました。おもな宗派としては、密教的要素の強い天台宗、真言宗、救われるためには阿弥陀如来（西方浄土の仏）に念仏を唱えるだけでよいと説く浄土宗、浄土真宗、経の功徳を熱烈に信仰する日蓮宗などがあげられます。悟りの可能性を信じて座禅を行う禅宗の臨済宗、曹洞宗などもあります。

Q Dans quelles circonstances le bouddhisme intervient-il dans la vie des Japonais ?

一般の日本人はどのように仏教と関わっているのでしょうか？

R Il faut d'abord dire que la majorité des obsèques des Japonais se déroulent selon les rites bouddhistes. Durant la période de *higan*, l'équinoxe, au printemps et en automne, et celle du *obon* en été, tous les Japonais célèbrent le culte des ancêtres ; c'est l'association d'un rite annuel bouddhiste et du culte des ancêtres pratiqué depuis l'Antiquité. Beaucoup de gens retournent passer la période d'*obon* dans leur famille ; des fêtes et des danses, *bon-odori*, sont organisées dans chaque commune.

まず葬儀の大半は仏式で行われます。そして春秋の彼岸と夏のお盆には、日本中の人が先祖の霊をまつります。これは仏教の行事と古来の祖霊祭が結びついたものです。お盆の時期には帰省して過ごす人が多く、各地で祭りや盆踊りが開催されます。

Q Le bouddhisme au Japon est-il différent du bouddhisme tibétain ?

日本仏教はチベット仏教とはちがうのでしょうか？

R Ils sont l'un et l'autre basés sur l'enseignement du Bouddha. Seulement, il y a des différences dues à leur transmission. Le bouddhisme tibétain, héritier direct du bouddhisme indien, possède des enseignements qui ne sont pas arrivés jusqu'en Chine ou au Japon. Le bouddhisme japonais qui a été introduit à travers la Chine, a subi des influences chinoises aussi bien pour la pensée que pour la pratique.

　両者ともブッダの教えに基づく真正な仏教であることに変わりはありません。ただ、その伝播の仕方が異なるためにちがいもあります。チベット仏教はインド仏教の流れを直接受け継いでいるので、中国や日本へ伝わっていない教えが数多く存在します。また、中国からもたらされた日本仏教は、思想や実践の面で中国の影響を受けています。

81 Le *zen*

禅

Q On entend souvent le mot « *zen* » en France mais qu'est-ce que c'est en fait ?

フランスでもよく「ゼン」という言葉を耳にしますが、本当はどういうものですか？

R C'est une des méthodes de méditation nées en Inde. Il s'agit de se maintenir silencieux en posture assise, respirer régulièrement et se concentrer afin d'unifier le corps et l'esprit. Le *zen* s'est propagé en Chine et, vers la fin du 12e siècle et au début du 13e siècle, a été introduit au Japon par des moines qui étaient allés l'apprendre. Il s'est ensuite développé en se raffinant pour devenir une philosophie propre au Japon. C'est le *zen* japonais, introduit et propagé en Occident au courant du 20e siècle, que vous appelez « *zen* ».

禅はインドで生まれた瞑想法のひとつです。静かに座って呼吸を整え、精神を集中することによって心身を統一します。この禅が中国に伝わり、12世紀の末から13世紀初めに中国に渡った僧によって日本にもたらされ、洗練されて日本独自の思想として発展しました。いわゆるゼンは20世紀に日本の禅が西洋に紹介されて広まったものです。

Q Que signifie le mot « *zen* » ?

「禅」という言葉にはどんな意味があるのですか？

R Le mot *zen* a été emprunté au sanskrit « *dhyana* », qui signifie « calmer le cœur pour arriver à l'unification ». Le *zen*, c'est réfléchir sur soi-même profondément en silence et parvenir à se libérer de toute préoccupation pour retrouver la nature de Bouddha que chacun possède.

禅はサンスクリット語の「ディヤーナ」に由来する言葉で、「心を静め、統一に導く」という意味があります。禅とはつまり、自分自身を静かに深く見つめ、妄念を止めた無念無想の境地で、自身が本来そなえている仏性を再発見することを表します。

Ⓠ Comment peut-on arriver à se libérer de toute préoccupation ?

どのようにすれば、無念無想の境地に到達できるのでしょうか？

Ⓡ En faisant du *zazen*. On s'assoit en silence, les jambes croisées, les yeux légèrement ouverts et le regard légèrement baissé. On maintient le dos parfaitement droit, le menton rentré et les épaules détendues. Les mains reposent sur les cuisses, la main gauche sur la main droite, paumes vers le haut, les pouces se touchant légèrement. La respiration est aussi importante que la posture pour stabiliser l'esprit ; l'expiration doit être douce et longue, l'inspiration se fait naturellement.

座禅を行うのです。静かに足を組んで座り、目はかすかに開け視線をやや前方に落とします。そして上体をまっすぐに起こし、あごを引き肩の力をぬきます。組まれた足の上に手のひらを上にして右手を置き、その上に左手を置いたら、左右の親指の先をかるく触れさせましょう。精神を安定させるには姿勢と同時に呼吸を整えることが大切です。呼吸は吐くときにゆっくりと長く、吸うときは自然にそれにあわせます。

Ⓠ Le *zen* est-il bien intégré dans la vie des gens ?

禅は人々の生活に浸透していますか？

Ⓡ Oui, il a fait cultiver aux Japonais le contrôle de soi, le goût du silence, de la nature et du dépouillement. L'importance accordée à l'application à une chose et la résignation devant le destin ou les catastrophes naturelles viennent aussi de l'influence du *zen*. Ces valeurs se manifestent non seulement dans la pensée et les activités artistiques, mais aussi dans tous les domaines de la vie des Japonais.

　はい。日本人は禅を通じて自制心や、沈黙、自然、簡素さを好ましく思う気持ちをつちかいました。また一意専心を重んじるのも、運命や自然災害に対する諦観も禅の影響といえるでしょう。こうした価値観は、思想や芸術的活動ばかりでなく、日本人の生活のあらゆる面に表れています。

Q Le *zen* a beaucoup contribué à la culture japonaise ?
禅は日本文化にも貢献しているのでしょうね？

R Oui. Une grande partie de l'art et la culture japonais s'est formée au 14e siècle (de la fin de l'époque de Kamakura à celle de Muromachi), l'époque où le *zen* avait le plus d'influence sur les mentalités. Les gens ont exprimé ce qu'ils ont acquis à travers leur expérience du *zen* dans des activités artistiques comme le *chanoyu* (la cérémonie du thé), l'art des jardins ou la peinture. On peut y trouver les caractéristiques de la culture japonaise : le goût de l'imperfection, le dépouillement, la dignité de la vieillesse, le naturel, la subtilité, le détachement et la tranquilité.

　はい。現在の日本の文化・芸術のほとんどは、禅が時代の精神にもっとも色濃く反映されていた14世紀（鎌倉後期から室町期）に成立しました。禅の修行をとおして会得したものを、さまざまな人が茶の湯、庭園、絵画などにおいて多様に表現しました。そこには不均斉、簡素、枯高、自然、幽玄、脱俗、そして静寂を重んじるという日本文化の特徴が見てとれます。

82 Le christianisme
キリスト教

Q Quand le christianisme a-t-il été introduit au Japon ?

キリスト教が日本に伝えられたのはいつですか？

R En 1549, quand un jésuite portugais, François Xavier, est arrivé à Kagoshima dans le sud-ouest du Japon. Le christianisme s'est alors propagé rapidement, allant jusqu'à atteindre 200 000 croyants en une quarantaine d'années, avant d'être interdit en 1587.

イエズス会のポルトガル人宣教師フランシスコ・ザビエルが日本の南西部、鹿児島に渡ってきた1549年です。キリスト教は急速に広まり、1587年に禁止されるまでの40年ほどのあいだに信徒数は20万人にまで達しました。

Q Pourquoi a-t-il été interdit ?

なぜ禁止されたのですか？

R On a craint que le christianisme n'empêche l'unification du pays sous l'autorité féodale. La répression des chrétiens a été renforcée et a fait beaucoup de martyrs. L'interdiction a duré jusqu'à la Restauration de Meiji, mais des croyants clandestins ont subsisté. Les œuvres des missionnaires se sont propagées à nouveau quand la liberté a été reconnue en 1873, non seulement par l'intermédiaire des catholiques mais aussi des courants protestants.

キリスト教が封建的な統一支配にとって危険だと考えられるようになったからです。キリスト教徒の迫害は激しくなり、大勢の信者が殉教しました。禁止は明治維新まで続きましたが、隠れキリシタンは生き残りました。1873年に信教の自由が認められてからは、カトリックだけで

なくプロテスタント各派の宣教も広く行われるようになりました。

Q Y a-t-il actuellement beaucoup de chrétiens ?
現在キリスト教徒の人数は多いですか？

R On estime qu'il y en a environ 1,1 million. Parmi les chrétiens, les protestants sont un peu plus nombreux que les catholiques.

110万人ほどとされています。キリスト教信者のうち、プロテスタントの数がカトリックを少し上まわります。

Q Quel rôle le christianisme a-t-il joué dans la société japonaise ?
日本社会において、キリスト教はこれまでどんな役割を果たしてきましたか？

R Bien que le nombre de chrétiens soit limité, le christianisme a exercé une certaine influence sur la pensée, la morale et l'attitude des Japonais. Il s'est aussi manifesté dans les œuvres sociales et l'éducation. Il y a près de 400 établissements chrétiens dans l'enseignement secondaire et près de 90 dans l'enseignement supérieur.

信者数こそ多くありませんが、キリスト教は日本人の思想、道徳、生き方に影響を与えました。またキリスト教は、社会事業や教育にもたずさわってきました。キリスト教系の中学・高校の数を合計すると全国で400校近くにのぼり、大学・短大も90校近くあります。

第10章
スポーツ

Le sport

83 Les sports
スポーツ

Q: Est-ce que les Japonais aiment le sport ?
日本人はスポーツが好きですか？

R: Oui, ils aiment le pratiquer aussi bien qu'assister à des matchs et des compétitions. Les fans de base-ball, de football et de *sumo* sont particulièrement nombreux. Ceux qui n'ont pas l'habitude d'aller soutenir les joueurs au stade se passionnent pour ces sports devant la télévision ou suivent les résultats des matchs dans les journaux. Le patinage, la natation, l'athlétisme, le *judo* et le golf sont des sports très prisés car les Japonais sont bien classés au niveau mondial.

　はい、自分でするのも観戦するのも大好きです。とくに野球、サッカー、相撲のファンは多いです。スタジアムへ応援に行く習慣のない人でも、テレビ中継を見たり新聞で試合の成績を追ったりします。アイススケート、水泳、陸上、柔道、ゴルフなども、日本人選手の世界的活躍で大きな注目を集めています。

Q: Quels sont les sports que pratiquent les Japonais ?
自分でするのはどんなスポーツですか？

R: Les jeunes aiment surtout le football, le basket ou le base-ball. Le jogging, la marche, le tennis, le bowling, le golf et la randonnée sont pratiqués par des gens de différentes générations. Beaucoup vont s'entraîner régulièrement au gymnase ou à la piscine. Les femmes pratiquent aussi le yoga et différentes danses.

若者はサッカー、バスケットボール、野球がとくに好きです。ジョギングやウォーキング、テニス、ボウリング、ゴルフ、登山などは幅広い世代に人気があります。ジムやプールに通ってトレーニングに励む人もたくさんいます。女性にはヨガやさまざまなダンスも人気があります。

Q Où pratique-t-on le sport ?
スポーツはどこでしますか？

R À l'école d'abord. Les cours de sport sont obligatoires à partir de l'école primaire jusqu'au lycée et même parfois jusqu'en deuxième année à l'université. On pratique l'athlétisme, des exercices aux agrès, des jeux de balle, la natation, etc. Beaucoup d'écoles organisent chaque année une fête du sport. Au collège, au lycée et à l'université, après les cours, les élèves et étudiants s'adonnent à des activités associatives, dont la moitié environ sont sportives ; les weeks-ends et les vacances sont souvent consacrés à l'entraînement et aux matchs. Par la suite, on continue dans un club de sport, un gymnase ou un stade municipal, etc. De plus, il arrive que les écoles organisent des rencontres sportives où participent les parents d'élèves.

　まずは学校です。体育の授業は小学校入学時から高校、場合によっては大学2年生頃まで必修で、陸上競技、器械体操、球技、水泳などを行います。また多くの学校では年に1度、運動会を開催しています。また、中・高校生、大学生は放課後の部活に熱中しますが、そうした部活の約半数は運動部です。週末や長期休暇中も練習や試合があります。学校を卒業すると、おもなスポーツの場はスポーツクラブや地域の運動施設になります。学校が保護者にスポーツをする機会を提供することもあります。

84 Le base-ball

野 球

Q Le base-ball est un des sports préférés des Japonais ?

日本では野球の人気が高いようですね。

R Le football est aujourd'hui un sport important, mais le base-ball est plus fortement enraciné au Japon ; le base-ball a été introduit en 1872 et la ligue japonaise professionnelle de base-ball a été fondée en 1936, 57 ans avant son équivalent pour le football.

今日、サッカーは重要なスポーツになっていますが、日本では野球のほうがずっとなじみの深いスポーツです。1872年に日本に紹介され、国内のプロリーグはサッカーより57年も前の1936年に発足したのですから。

Q Parlez-moi du base-ball professionnel.

プロ野球について教えてください。

R D'avril à octobre, 12 équipes appartenant à deux ligues disputent un championnat. En octobre, il y a un match disputé par l'équipe gagnante de chacune des deux ligues. Les matchs interligues ont commencé en 2005. Il y a aussi en été, des matchs dits « all star game », dont les joueurs sont sélectionnés par les fans.

4月から10月までは12球団が2つのリーグに分かれて戦い、10月に各リーグの覇者が対決する「日本シリーズ」があります。2005年からセ・リーグとパ・リーグの交流試合が始まりました。「オールスターゲーム」という、ファンの投票によって選ばれた選手たちによるリーグ対抗試合も夏に行われます。

Q Est-ce que les joueurs japonais sont forts ?

日本人野球選手の水準は高いですか？

R Oui, parmi les joueurs professionnels, il y en a qui sont très forts. En 1995, un lanceur, Nomo Hideo, s'est distingué en entrant dans une équipe américaine professionnelle, et il a conquis les amateurs de base-ball. Il y a aussi Ichiro, qui bat des records de la « Major League Baseball » depuis son arrivée aux États-Unis en 2001. Les joueurs japonais sont de plus en plus nombreux aux États-Unis et au Japon, on les suit de près aux informations. Aux Jeux olympique et au World Baseball Classic (WBC), la sélection nationale regroupant les joueurs japonais actifs au Japon et aux États-Unis a réalisé de bonnes performances.

はい、プロ野球にはとても優秀な選手がいます。1995年には野茂英雄投手がアメリカのメジャーリーグ入りを果たして大活躍し、多くの野球ファンを熱狂させました。2001年に渡米したイチロー選手のように、メジャーリーグの記録を塗りかえる選手もいます。アメリカで活躍する日本人選手はますます増え、その様子は日本のニュースでも詳しく報じられています。日米の日本人プロ選手を集めた選抜チームは、オリンピックやWBCといった世界の舞台でも好成績を残しています。

Q Y a-t-il des équipes amateur ?
アマチュア球団はありますか？

R Oui, il y en a beaucoup : des équipes d'écoliers jusqu'à celles de seniors. Les matchs joués par les équipes d'entreprises ou d'universités sont très populaires. Au printemps et en été, il y a les matchs de sélection pour les lycéens dans tout le Japon. Puis, lors du tournoi final, tous les matchs des lycées sélectinnés sont diffusés en direct par la chaine nationale NHK.

はい、小学生チームからシニア・チームまでたくさんあります。企業や大学の野球部による対抗試合にも根強い人気があります。また春と夏には日本中で高校生のための選抜試合が行われ、全国大会の全試合がNHKで生中継されます。

85 Le golf
ゴルフ

Q Les Japonais jouent-ils beaucoup au golf ?
日本ではゴルフがさかんですか？

R Oui. Avant, les hommes d'affaires s'invitaient mutuellement au golf pour maintenir de bonnes relations de travail mais aujourd'hui, avec la crise, ils choisissent d'autres sports moins onéreux. Par contre, les femmes et les enfants y jouent de plus en plus.

はい。以前はサラリーマンの多くが仕事上の人間関係を円滑に保つために接待のためのゴルフをしたものですが、不況を受けて、現役サラリーマンはゴルフよりもコストのかからないスポーツに流れています。それに対して女性や子供のプレーヤーは増えてきました。

Q Le golf professionnel est-il apprécié ?
プロゴルフは人気がありますか？

R Oui, il est très apprécié. Il y a de bons joueurs connus sur le plan international ; les jeunes, hommes et femmes, pleins d'avenir qui s'entraînent depuis leur enfance sont de plus en plus nombreux.

はい、とても人気があります。国際的に名を知られた優秀なゴルファーも多く、小さい頃から鍛えられた若い世代にも、男女を問わず、有望なプレーヤーが増えています。

Q Y a-t-il beaucoup de terrains de golf ?
ゴルフ場はたくさんありますか？

R Oui, il y en a plus de 2 000 dans tout le Japon. Certains sont publics mais la plupart sont privés. Et cela revient extrêmement cher d'etre d'un club de golf. De plus, pour utiliser un golf privé il faut le plus souvent être accompagné ou parrainé par un des membres du club.

はい、全国に2000か所以上あります。パブリックコースもありますが、ほとんどが民間のものです。民間のゴルフクラブの会員権は非常に高価です。そしてコースを使うには、会員の同伴や紹介が必要になります。

Q Alors, on ne peut sans doute pas jouer souvent sur un parcours de golf ?

それでは頻繁にコースに出ることはできませんね。

R Non. On utilise d'ordinaire les practices de golf. Ils sont ouverts tard le soir et ne coûtent pas très cher.

そうなのです。そこで普段は練習場を使います。練習場は夜まで開いていますし、それほど高くありません。

86 Le *judo*

柔 道

Q Est-ce que beaucoup de Japonais pratiquent le *judo* ?

柔道をする人は多いですか？

R Oui, c'est un des sports traditionnels les plus pratiqués au Japon. Depuis 2012, un art martial est obligatoire au collège et la majorité des établissements choisissent le *judo*. C'est aujourd'hui un sport mondial ; il est intégré dans le programme des Jeux olympiques et des championnats du monde de *judo* sont organisés tous les ans. Il y a beaucoup d'excellents *judoka* en France aussi.

はい、柔道は日本の伝統的スポーツのうち、国内でもっとも広く行われているもののひとつです。中学校では2012年から武道が必修化されましたが、柔道を選ぶ学校が多いようです。柔道はオリンピックの種目になっていますし、世界選手権も毎年開催されていて、いまや世界的なスポーツです。フランスにも優秀な選手がたくさんいますね。

Q Qu'est-ce qui fait l'essence du *judo* ?

柔道の本質は何ですか？

R « *Ju* » signifie la souplesse et « *do* » la voie. Le principe du *judo* est d'utiliser sa souplesse et la force de l'adversaire pour maîtriser celui-ci. Ce n'est pas un simple sport ; l'essentiel du *judo* ne consiste pas à gagner un combat. Certes, on cherche à développer sa force physique, mais plus fondamentalement, à discipliner son esprit à travers le perfectionnement d'une technique.

「柔」は柔軟性、「道」は道の意味です。柔道の基本は自分の柔軟性と相手の力を利用して相手を制することです。柔道は単なるスポーツではありません。その本質は戦いに勝つことではないのです。自分の肉体的な力を養うことはもちろんですが、最大の目的は技術を磨くことによる精神の鍛錬です。

ⓠ On porte des vêtements spéciaux pour faire du *judo*.

柔道の服装は特殊ですね。

ⓡ Oui, on porte le *judogi*, une veste et un pantalon en coton résistant. Traditionnellement, le *judogi* doit être blanc, symbole de la pureté de l'esprit, mais on trouve aujourd'hui des *judogi* bleus proposés par l'Union européenne de *judo*. On met ensuite une ceinture de la couleur qui indique son niveau technique, par exemple ceinture blanche pour les débutants ou ceinture noire pour les plus hauts niveaux.

はい、丈夫な木綿の上衣と短い下衣をつけます。日本の伝統的な柔道着は精神の清らかさを象徴する白一色でしたが、今ではヨーロッパ柔道連盟が発案した青もあります。柔道着には、自分の技術のレベルを示す帯をしめます。白は初心者、黒は有段者という具合です。

87 Le *sumo*

相 撲

Q Y a-t-il un sport national au Japon ?
日本に国技はありますか？

R C'est le *sumo*, sorte de combat entre deux lutteurs, les *rikishi*. En France, le mot « *sumo* » évoque souvent un lutteur, mais c'est en japonais le nom du sport.

　相撲です。ふたりの力士による一種のレスリングです。フランスでは一般にスモウという単語で力士を思い浮かべますが、日本語の「相撲」は競技の名称です。

Q Les lutteurs ont une apparence très particulière.
力士の姿は独特ですよね。

R Oui, ils ne portent qu'un *mawashi*, un pagne de *sumo*, et ils se font un *mage*, un chignon au sommet de la tête. Ils ont un corps énorme ; avant il fallait mesurer plus d'1,73 m et peser plus de 75 kg pour être *rikishi,* mais comme le nombre de jeunes postulants pour des places d'élève de *sumo* est en baisse, des normes moins strictes ont été créées.

　はい、身につけるのは相撲特有のまわしのみで、頭にはまげを結います。力士はとても大きな身体をしています。かつては身長173cm以上、体重75kg以上ないと力士になれなかったのですが、新弟子希望者が減ってきているために、少し基準をゆるくした別枠が設けられています。

Q Comment se déroulent les combats de *sumo* ?
相撲はどういう競技ですか？

R La lutte se passe à l'intérieur d'un cercle, le *dohyo*. Les *rikishi* s'agrippent par le *mawashi*, et chacun essaie de faire tomber ou sortir l'autre du *dohyo*. Si l'un d'eux met un pied à l'extérieur du *dohyo*, ou s'il touche le sol du *dohyo* avec n'importe quelle partie du corps, à l'exception de la plante des pieds, il perd le match.

相撲は円形の土俵の上で行われます。力士は相手のまわしをつかんで倒したり押し出したりするのです。土俵の外に足を踏み出したり、足の裏以外の身体の一部が地面に触れてしまったりすると、その力士の負けです。

Q Le *sumo* a-t-il une dimension cérémonielle ?
相撲には儀式的な面がありますか？

R Oui, originellement c'était un rite qui avait lieu devant un dieu shinto. Aujourd'hui, avant chaque match, les *rikishi* exécutent une série de gestes rituels : les *chirichozu* pour se purifier et les *shikiri* pour augmenter leur combativité.

はい、もともと相撲は神の前で行う儀礼でした。現在も取り組みの前には、力士たちはかならず一連の儀式的動作を行います。塵手水によって清めを行い、しきりで士気を高めるのです。

Q Y a-t-il beaucoup de gens qui pratiquent le *sumo* ?
相撲をする人は多いですか？

R Non. Le *sumo*, à l'exception par exemple des fêtes locales, n'est pas un sport à pratiquer mais à voir. D'ailleurs, les femmes n'ont pas le droit de monter sur le *dohyo* officiel, même lors d'une remise des prix. Il n'y a plus beaucoup de jeunes qui entrent dans une écurie de *sumo* (*heya*), après le collège. La plupart des *rikishi* arrivent des associations de *sumo* de lycée ou d'université. Il y a main-

tenant des *rikishi* remarquables d'origine étrangère : hawaïenne, mongole, est-européenne ou russe. Certains avancent jusqu'au rang le plus élevé, *yokozuna*.

　いいえ。相撲は地域の祭りなどを除けば、参加せずに見るスポーツです。また女性には、たとえ表彰式であっても正式な土俵に上がる権利がありません。かつてのように中学卒業後すぐ相撲部屋に入る力士は減り、相撲部のある高校や大学から入門することが多くなっています。またハワイやモンゴル、東欧やロシア出身の外国人が大活躍しています。なかには横綱にまで昇進する外国人力士たちもいるのです。

88 Les sports d'hiver

ウィンタースポーツ

Q Peut-on faire du ski au Japon ?
日本ではスキーができますか？

R Oui. Le ski a été introduit au Japon en 1911. Les montagnes de la moitié nord du pays sont couvertes de neige du mois de décembre jusqu'au mois d'avril. On peut y faire du ski et du snowboard.

はい。日本にスキーが伝わったのは1911年のことです。日本の北半分の山は12月から4月まで雪におおわれていて、スキーやスノーボードができます。

Q Quelles sont les stations de ski les plus fréquentées?
人気があるのはどのようなスキー場ですか？

R L'île de Hokkaido, où ont eu lieu les Jeux olympiques d'hiver en 1972, possède les meilleures stations. Nagano où ont eu lieu ceux de l'an 2000, est aussi connu pour la qualité poudreuse de la neige.

1972年に冬季オリンピックが開かれた北海道には最高のスキー場があります。また2000年にオリンピック会場となった長野も、パウダースノーで有名です。

Q Y a-t-il beaucoup d'amateurs de ski ?
スキー愛好家は多いのですか？

R Avant, le ski était très pratiqué et les stations étaient pleines mais le nombre de skieurs a commencé à baisser à partir de 1993, l'année où il a connu un pic de 18,6 millions. Depuis 2003, on en compte moins de la moitié. Les stations font donc des efforts pour ramener les amateurs des années 1990 avec leurs enfants ou pour attirer les Chinois et les Australiens.

　かつてはスキー場が満員になるくらい人気がありましたが、1993年の1860万人をピークにスキー人口は減少しました。2003年以降は最盛期の半分以下です。そこでスキー場は、1990年代にスキー場に通っていた世代が気軽に来られるように子供連れでも楽しめるサービスを増やしたり、中国やオーストラリアなど周辺諸国からのスキー客を呼びこんだりと、集客の努力をしています。

Q Y a-t-il d'autres sports d'hiver populaires ?
ほかにもさかんなウィンタースポーツがありますか？

R Le patinage, délaissé pendant un certain temps, est de nouveau populaire grâce surtout aux patineurs artistiques qui sont bien classés dans les compétitions mondiales. Par contre, le ski de fond est beaucoup moins pratiqué qu'en Europe.

　世界の舞台で大活躍をしているフィギュア・スケート選手たちの影響で、一時期下火になっていたアイススケートの人気が復活してきています。ヨーロッパで人気のクロスカントリーは、日本ではあまり一般的なスポーツではありません。

第11章
趣味・娯楽

Les loisirs

89. Le cinéma et le théâtre

映画と演劇

Q Les Japonais vont-ils souvent au cinéma ?
日本人はよく映画に行きますか？

R Beaucoup moins qu'autrefois et qu'à Paris. Même à Tokyo, le nombre de salles de cinéma n'est pas énorme. Il y avait 7 457 écrans avec 1 milliard d'entrées en 1960, lorsque le cinéma a atteint le sommet de sa popularité, mais en 2010, seulement 3 412 écrans (dont 2 774 dans des multiplexes) et 174,35 millions d'entrées. Une place de cinéma coûte souvent 1 800 yens, presque deux fois plus qu'en France.

　以前より、そしてパリより、映画館に行く人はずっと少ないです。東京でも映画館の数はそれほど多くありません。ピーク時の1960年にはスクリーン数は7457、年間観客数は10億人にのぼりました。ですが、2010年にはスクリーン数が3412（うち、シネコン2774）、年間観客数も1億7435万人に減りました。チケットはたいてい1800円とフランスの2倍近い値段です。

Q Quels sont les films qu'on passe ?
どのような映画が上映されているのですか？

R Les grands cinémas présentent en général des films récents japonais, américains, de Hollywood surtout, anglais ou bien des œuvres ayant remporté des Oscars. D'autres films étrangers passent souvent dans des cinémas relativement petits : on y apprécie les films européens aussi bien que les films de pays d'Asie : chinois, coréens, iraniens, etc. Les films étrangers sont en général donnés en version originale sous-titrée, sauf s'ils sont destinés aux enfants. Les films anciens passent rarement ; on a beaucoup moins de choix qu'à Paris.

　大きな映画館では、日本およびアメリカ（とくにハリウッド）やイギリスの新作映画、そしてアカデミー賞受賞作などが多く上映されます。それ以外の外国映画は、比較的小規模な映画館で上映されることが多いようです。そのような映画館ではヨーロッパのほか、中国、韓国、イランなどアジア各国の作品にも目が向けられています。外国語の映画は子供向けでないかぎり、ほとんどが吹き替えではなく、字幕つきです。古い作品が上映されることはまれで、パリほど選択の幅はありません。

ⓠ Quelle est la proportion de films japonais et étrangers ?
日本映画と外国映画の比率はどのくらいですか？

ⓡ Pour les distributeurs, les films japonais représentaient en 1960 près de 80 % des recettes totales. Mais ils ont petit à petit laissé la place aux films étrangers. Dans les années 90, les films étrangers apportaient 60 à 70 % de ces recettes. Pourtant les films japonais ont remonté à partir de la moitié des années 2000 et représentent depuis 2008 plus de 50 % des recettes.

　配給収入でいうと、1960年には日本映画が全体の8割近くを占めていました。けれど次第に外国映画に押されていきました。1990年代以降は逆に外国映画が6〜7割にまで増えました。しかし2000年代後半になると日本映画は勢いを取りもどし、とくに2008年以降は5割以上で安定しています。

ⓠ Quels sont les films japonais qu'on aime ?
日本映画のなかで人気があるのはどういうものですか？

ⓡ Les films qui ont du succès, ce sont surtout des films avec des stars ou les œuvres de cinéastes connus. On aime aussi les films d'animation de Miyazaki, mondialement connu, les séries cinéma, les suites des feuilletons télévisés à succès et les adaptations cinématographiques des *manga*, des romans, etc.

　とくに多くの観客を集めるのは、人気俳優が出演する作品や有名監督の作品です。世界的にも有名な宮崎駿監督の作品をはじめとするアニメ映画や、シリーズ映画、テレビドラマの続編、そして漫画や小説の翻案なども人気があります。

Q Vous regardez les films à la télévision aussi ?
テレビで映画を見ることもありますか？

R Oui. La télévision diffuse souvent des films, doublés ou sous-titrés. Parmi les réseaux câblés, il y en a qui sont spécialisés dans le cinéma. La location de DVD et la diffusion de films par Internet sont également répandues.

　はい。テレビではよく映画を放送していますが、こちらは吹き替えのことも字幕つきのこともあります。ケーブルテレビには映画を専門に放送するチャンネルが複数あります。またDVDレンタルやインターネット配信も普及しています。

Q Le théâtre est-il populaire ?
演劇は人気がありますか？

R Beaucoup moins que le cinéma. Pourtant, des représentations de formes de théâtre traditionnel, *kabuki* ou *no*, sont données régulièrement. Il y a aussi des pièces de théâtre et des comédies musicales qui ont du succès et qui se jouent pendant une longue période. De nombreuses troupes de théâtre moderne et d'avant-garde existent, mais ce sont des amateurs relativement peu nombreux qui vont voir leurs représentations.

　映画にははるかに及びません。それでも伝統演劇の歌舞伎や能は定期的に公演が行われています。また高い評判を得てロングラン公演となる演劇やミュージカルもあります。現代演劇や前衛の劇団は数多くありますが、舞台に足をはこぶ人は比較的かぎられた愛好者層が中心です。

90 La musique

音　楽

Q Les Japonais aiment-ils la musique ?
日本人は音楽が好きですか？

R Oui, on aime beaucoup écouter de la musique. Les jeunes surtout écoutent de la musique téléchargée avec un baladeur ou un portable, même en dehors de chez eux. On écoute toutes sortes de musiques et de musiciens. Les goûts des Japonais d'aujourd'hui sont extrêmement diversifiés.

はい、日本人は音楽を聞くのが大好きです。とくに若い世代は、インターネットからダウンロードした音楽を携帯音楽プレーヤーや携帯電話に入れ、外出中もそれを聞いています。人気のあるジャンルや演奏者は多岐にわたります。現在、日本人の好みは非常に多様化しているといえます。

Q Est-ce qu'on aime aussi jouer de la musique ?
自分で演奏もしますか？

R Oui. La musique est une matière obligatoire à l'école primaire et au collège. Tous les écoliers savent à lire plus ou moins la musique et jouent des instruments : harmonica, mélodica, flûte à bec, etc. Beaucoup d'enfants prennent des leçons de piano. Au collège, au lycée et à l'université, les élèves et les étudiants participent souvent aux activités des associations de musique : orchestre d'harmonie, orchestre à cordes, chorale, musique légère, etc.

はい。小・中学校では音楽の授業が必修です。そのおかげでみな少しは楽譜が読めて、ハーモニカや鍵盤ハーモニカ、リコーダーなどを演奏します。ピアノを習う子供もたくさんいます。中学や高校、大学で、吹奏楽、弦楽、合唱、軽音楽等、音楽系のクラブ活動やサークルに参加す

る人も多くいます。

Q: Est-ce que vous chantez souvent ?
歌はよく歌いますか？

R: Oui. Vous savez sans doute que le *karaoke* est né au Japon ? On chante avec un micro, en lisant les paroles sur l'écran, sur un accompagnement de chansons préenregistrées. Certains appareils permettent de choisir le registre ou de se faire noter sa performance. Il y a des familles équipées d'appareil de *karaoke*, mais le plus souvent, on va dans un établissement spécialisé et on loue à l'heure une salle aménagée.

はい。カラオケが日本発祥であることはご存知ですね。カラオケでは録音済みのオーケストラ伴奏にあわせ、スクリーンの歌詞を見ながら、マイクを持って歌います。個人の音域にあわせたり、歌唱力を採点したりする機能を備えた機器もあります。カラオケセットを持っている家庭もありますが、たいていは専門の店舗に出向いて、カラオケ専用の部屋を時間単位で借ります。

Q: Y a-t-il beaucoup de concerts ?
コンサートはたくさんありますか？

R: Oui, mais les billets sont assez chers, et il est souvent difficile d'en acheter sur place. Beaucoup de gens préfèrent alors écouter de la musique à la radio ou à la télévision, en télécharger ou bien acheter des CD et DVD.

はい、でも切符はかなり高価ですし、当日になってから買おうとしても手に入らないことがよくあります。ですから放送番組を利用したり、ダウンロードしたり、CDやDVDを買ったりして音楽を聴くことのほうが多いです。

⟨Q⟩ Les instruments traditionnels sont-ils encore beaucoup pratiqués ?

伝統的な楽器は今でもまだよく演奏されていますか？

R Oui, ils l'ont toujours été et ils ont en plus été revalorisés. Le *koto*, sorte de longue cithare à 13 cordes, continue à ête populaire. Le *shamisen*, sorte de luth à long manche à 3 cordes qu'on pince avec un plectre, et le *shakuhachi*, flûte en bambou, sont indispensables pour accompagner les chants traditionnels. De jeunes musiciens modernisent la musique traditionnelle du *shamisen*, du *wadaiko*, tambour japonais, et également le *gagaku*, musique ancienne de cour, et se produisent dans différents pays du monde. Mais le nombre de joueurs amateurs est assez limité.

　はい、ずっと演奏されているだけでなく、再評価もされています。シタールに似た13弦の琴は根強い人気があります。3本の弦をバチで弾いて演奏するリュートのような三味線や、尺八という竹の笛は、民謡の伴奏になくてはならないものです。三味線や和太鼓（日本の太鼓）、あるいは雅楽（古い宮廷音楽）を現代風にアレンジして演奏する若手演奏家たちも世界的に活躍しています。ただしアマチュアで演奏する人の数となると、かなり少なくなります。

91 Les *manga* et les dessins animés
漫画とアニメ

Q J'ai l'impression que les *manga* et les dessins animés japonais, les *anime*, sont violents.

日本の漫画・アニメには暴力的な印象があります。

R Vous vous trompez. Il y en a en effet qui montrent beaucoup de scènes de combat ou qui cherchent à faire des filles, avec un visage d'enfant, des objets sexuels, et les *otaku* (amateurs passionnés de *manga* et d'*anime*) sont souvent maniaques de ce genre de choses. Mais il n'y a pas que ce genre-là de *manga* et d'*anime* japonais. Il y en a un grand nombre apprécié par tous, aussi bien par les petits enfants que par les adultes.

それは誤解だと思います。たしかに戦闘シーンが多い作品や、性的特徴を誇張した童顔の女の子が登場する作品もあります。いわゆるオタク（漫画やアニメの熱烈な愛好者）の好むものには、そういう傾向が強いかもしれません。でも日本の漫画やアニメはそれだけではありません。小さい子供から大人まで楽しめるものがたくさんあるのです。

Q Avez-vous des magazines de *manga* ?

漫画専門の雑誌はありますか？

R Oui, il y a des hebdomadaires et des mensuels. Ils sont destinés à différentes générations ; il n'est pas rare de voir un homme d'affaires acheter un magazine de bandes dessinées au kiosque de la gare. L'hebdomadaire avec le plus grand tirage, près de 3 millions d'exemplaires, est un destiné aux adolescents. Ces magazines populaires se vendent d'autant plus qu'on en reprend le contenu pour faire des dessins animés et des jeux vidéo. Les *manga* sont de plus en plus distribués sur Internet et cette dernière catégorie est en train de former un genre à part.

　はい、週刊誌と月刊誌があります。コミック誌にはさまざまな世代に向けたものがあり、ビジネスマンが駅のキオスクで買う姿も珍しくはありません。なかでも最大発行部数を誇るのは、毎週300万部近くを売り上げる、少年向けの週刊誌です。こうした人気コミック誌のなかのコンテンツがアニメ化、ゲーム化され、さらに発行部数を押し上げる構図になっています。最近はネットで配信されるウェブ・コミックも多くなり、独自のジャンルを作りつつあります。

◆ Les *manga* sont vraiment populaires !
漫画の人気はすごいですね！

® Les Japonais lisent avec les *manga* depuis leur petite enfance. On a beaucoup d'occasions d'en lire : il existe non seulement des histoires originales, mais aussi des adaptations d'œuvres littéraires, ou bien même des aide-mémoire en *manga*. L'« essai en *manga* », où l'auteur raconte ses expériences, est devenu un genre très apprécié. Il arrive même qu'un mode d'emploi ou une brochure de démarches administratives soit réalisé en *manga* plutôt qu'en texte.

　日本人は、小さい頃から漫画を読んでいます。オリジナルのストーリーをもつ作品ばかりでなく、文学作品の翻案から学習参考書まで、漫画で描かれたものに触れる機会が多いのです。作者の体験をもとにした「エッセイ漫画」も、人気のあるジャンルのひとつです。商品の使用方法や事務手続きなどを説明するリーフレットが、文章でなく漫画で描かれていることさえあります。

◆ Il paraît que beaucoup de gens dessinent des *manga* pour leur plaisir.
趣味で漫画を描く人も多いと聞きました。

R Les collégiens, les lycéens et les étudiants dessinent des *manga* dans des associations après les cours. Certains amateurs vendent leurs œuvres dans des salons de *manga*. Un des plus grands salons rassemble 35 000 exposants et plus de 500 000 visiteurs en trois jours. De plus en plus de *manga* ont un grand succès sur Internet et sont publiés par la suite.

中学、高校や大学のクラブ活動にも、漫画を描く会があります。またイベント会場で自分の作品を売るアマチュアもいます。なかでも大規模なものの出展者数は3万5000サークル、来場者は3日間で50万人を超えます。インターネットで発表した作品が人気を呼んで出版されるケースも増えています。

92. Akihabara ou « *Akiba* »

秋葉原／アキバ

Q On dit qu'il y a beaucoup de touristes étrangers à Akihabara. Pourquoi ?

秋葉原には外国人観光客が多いと聞きました。なぜでしょうか？

R C'est parce qu'Akihabara est un quartier d'électronique où se trouvent de nombreuses boutiques d'articles détaxés. En 2010, plus de 8,6 millions de touristes étrangers ont visité Akihabara. On peut y acheter à prix modéré des appareils électroménagers performants et des composants électroniques. On y trouve surtout beaucoup de modèles d'exportation adaptés à différents voltages avec un manuel multilingue et un bon de garantie internationale valable dans beaucoup de pays.

有名な電気街で、免税店が多いからです。2010年には860万人を超える外国人観光客が秋葉原を訪れました。秋葉原では高機能な家電製品や電子部品を安く買うことができます。また、とくに海外仕様製品が豊富にそろっていて、電圧などが海外仕様で作られているだけでなく、多言語の取扱い説明書と多くの国で有効な国際保証書がついています。

Q Akihabara a une longue histoire de quartier de l'électronique ?

電気街としての歴史は古いのですか？

R Oui. Dès la période de reconstruction d'après-guerre se sont rassemblés à Akihabara des magasins électroménagers et des boutiques foraines d'appareils électromécaniques et de composants comme les tubes à vide pour la radio. Plus tard, le quartier a accueilli de petites boutiques spécialisées puis de grandes surfaces d'électroménager et des magasins spécialisés en informatique.

はい。秋葉原には戦後の復興期に、電気店や、ラジオの真空管などの電子部品の露天商が集まるようになりました。やがて小型の専門店、そして大型家電量販店やパソコン専門店が並ぶ街になったのです。

Ⓠ Il y a d'autres choses à voir ?
そのほかに見るべきものはありますか？

Ⓡ Akihabara abrite beaucoup de boutiques pour les passionnés de *manga*, de dessins animés et de figurines ; c'est le centre de la sous-culture des *otaku*. Cette transformation date de la dernière moitié des années 1990, l'époque où la vente des appareils électroménagers a commencé à baisser. Dans les rues d'Akihabara, on peut rencontrer des jeunes déguisés en personnages de films d'animation. Cette activité est nommée *kosupure* ("costume play" en anglais). Il y a des groupes d'artistes basés à Akihabara qui sont devenus des idoles pour les jeunes.

　秋葉原には、マンガ、アニメ、フィギュアなどのマニア向け店舗も多く、オタク文化の中心地としての顔があります。これは家電製品の売れ行きにかげりが出てきた1990年代後半以降にみられる変化です。街では、アニメのキャラクターに扮して歩いている若者を見かけるかもしれません。これはコスプレ（英語の"costume play"から）と呼ばれています。秋葉原を拠点とする芸能人のグループもあり、若者のアイドルとなっています。

93. Les animaux de compagnie
ペット

Q： Les Japonais aiment-ils avoir des animaux chez eux ?

日本人は動物を飼うのが好きですか？

R： Oui, 40 % des familles japonaises en ont. En 2003, le nombre total des chats et des chiens a dépassé celui des enfants âgés de moins de 15 ans ; ils occupent désormais dans la famille une place de membre à part entière. Les animaux de compagnie favoris sont les chiens, les chats et les poissons. Les oiseaux, les tortues, les lapins ou les cochons d'Inde sont aussi appréciés. Certains ont même des animaux sauvages chez eux, mais il faut pour cela une autorisation spéciale.

はい、日本の家庭の4割がペットを飼っています。2003年には、猫と犬の総数が15歳未満の子供の人数を上まわりました。ペットは家族の一員のような位置を占めるようになっています。ペットとしてもっとも人気があるのは犬、猫そして魚です。小鳥やカメ、ウサギ、モルモットなども多いです。猛獣を飼う人もいますが、それには特別な許可が必要です。

Q： Est-il possible d'avoir des animaux dans les appartements?

アパートやマンションでペットを飼うことはできますか？

R： C'est interdit dans certains immeubles, mais dans d'autres, les animaux qui ne font pas de bruit, aussi bien que les chiens et les chats de petite taille, sont tolérés. Quand on promène son chien, il faut le tenir en laisse et se munir d'un sac en plastique pour ne pas salir les rues. Ce savoir-vivre est assez bien respecté, et on peut marcher sans regarder où on met les pieds.

　禁止のところもありますが、鳴かない動物あるいは小型の犬や猫なら許されるところもあります。飼い犬を散歩させるときは、リードをつけ、道を汚さないようにビニール袋をもって歩かなければなりません。このマナーはよく守られていますから、足元を見ずに歩いても大丈夫です。

Q Y a-t-il des animaux de compagnie spécifiques au Japon ?

日本固有のペット動物はいますか？

R Oui, il y a essentiellement des chiens de race japonaise. Parmi eux un petit chien, le *shiba-inu*, est très apprécié comme animal de compagnie. Le *tosa-ken*, chien métissé entre races japonaise et européenne, est connu comme chien de combat. Par ailleurs, l'élevage des carpes colorées, *nishiki-goi*, est aussi très répandu.

　はい、日本原産の犬が数種類います。なかでも小型の柴犬はペットとしてとても人気があります。日本犬と西洋犬の交配種である土佐犬は、闘犬で有名です。色鮮やかな錦鯉を飼う人もたくさんいます。

94 Les vacances

休暇

Q Quels sont les jours où les Japonais ne travaillent pas ?

日本の休日はいつですか？

R En général, en plus des samedis et dimanches, on a 15 jours fériés par an : le jour de l'An (le 1er janvier), le jour de la majorité (le deuxième lundi de janvier), la fête nationale (le 11 février), l'équinoxe de printemps (autour du 21 mars), le jour de Showa (le 29 avril), la fête de la Constitution (le 3 mai), la journée verte (le 4 mai), la fête des enfants (le 5 mai), le jour de la mer (le troisième lundi de juillet), le jour du respect pour les personnes âgées (le troisième lundi de septembre), l'équinoxe d'automne (autour du 23 septembre), la journée du sport (le deuxième lundi d'octobre), le jour de la culture (le 3 novembre), la fête du travail pour remercier les travailleurs (le 23 novembre), l'anniversaire de l'empereur (le 23 décembre).

普通は土日のほかに年に15日の祝日があります。元日（1月1日）、成人の日（1月第2月曜日）、建国記念の日（2月11日）、春分の日（3月21日頃）、昭和の日（4月29日）、憲法記念日（5月3日）、みどりの日（5月4日）、こどもの日（5月5日）、海の日（7月第3月曜日）、敬老の日（9月第3月曜日）、秋分の日（9月23日頃）、体育の日（10月第2月曜日）、文化の日（11月3日）、勤労感謝の日（11月23日）、天皇誕生日（12月23日）です。

Q Les Japonais ont-ils de grandes vacances ?

長いヴァカンスはありますか？

R Ils n'ont pas de grandes vacances comme les Français. Selon une enquête, en 2010, les Japonais travaillant dans des entreprises avec plus de 1 000 employés ont eu en moyenne un peu moins de 120 jours de congé, y compris les week-ends et les 15 jours fériés. Beaucoup de gens prennent une quinzaine de jours de vacances, en 3 fois : à la fin de l'année et au Nouvel An, pendant la *Golden Week*, la période du 29 avril au 5 mai avec 4 jours fériés, et à l'*obon* en août.

フランス人のような長い休暇はありません。2010年のデータによると、従業員1000人以上の企業で働く日本人の平均休日日数は、土日と祝日15日を含めて1年間に120日でした。多くの人が、年末年始、4月29日から5月5日にかけて祝日が4日あるゴールデンウィーク、8月のお盆の3回に分けて、合計15日程度の休暇をとります。

Q Et les congés payés ?
有給休暇はどうですか？

R On a droit au minimum à 10 jours de congé payé par an. En moyenne, un travailleur en a 17,9 jours. Pourtant il y a très peu de gens qui en profitent pleinement ; le taux de congé payé réellement pris n'arrive qu'à 50 %. Dans des entreprises de plus petite taille, on a droit à moins de jours de congés payés et on en profite encore moins.

年次有給休暇は最低10日です。労働者1人平均では17.9日与えられています。けれどもすべて利用する人はわずかで、取得率は50％ほどです。企業の規模が小さければ小さいほど、年次有給休暇日数も取得率も低くなります。

Q Pourquoi ne profite-t-on pas des congés payés auxquels on a droit ?

どうしてせっかくの有給休暇を利用しないのですか？

R Il y a bien sûr des cas où l'organisation du travail ne le permet pas, mais plus souvent, les Japonais se sentent mal à l'aise s'ils prennent un congé quand les autres travaillent.

仕事が忙しくて休めない場合はもちろんありますが、ほかの人たちが働いている日に自分だけ休むと落ち着かないという人が日本には少なくないのです。

95. Les voyages à l'étranger

海外旅行

Q： On voit moins de Japonais en voyage organisé en France qu'avant...

フランスでは以前ほど日本人の団体旅行を見かけませんが。

R： Il y a moins de voyages en groupe, mais les voyages plus ou moins organisés sont très populaires. D'abord parce que le prix est très abordable, et pour ceux qui n'ont pas l'habitude de voyager à l'étranger, c'est un avantage de pouvoir partir sans se soucier des itinéraires, des réservations ni du problème de la langue. De plus, comme il est difficile au Japon de prendre plus d'une semaine d'affilée de vacances, on choisit volontiers des voyages qui permettent de visiter en peu de temps différents sites touristiques. Maintenant beaucoup de gens préfèrent préparer individuellement leur voyage ou prendre un voyage en agence couvrant seulement le transport et le logement.

　団体旅行は減りましたが、パッケージ・ツアーは人気があります。非常に割安になるというのが第一の理由です。海外旅行に慣れていない人たちにとっては、旅程作成、予約、言葉の問題などにわずらわされないこともメリットです。しかも日本では1週間以上続けて休みをとるのが難しいので、短い日程でも効率的に観光名所を見てまわれる旅行が魅力的なのです。今では個人で旅行プランを練ったり、交通と宿泊だけのツアーを選んだりする人も増えています。

⟨Q⟩ Quelles sont les destinations préférées des Japonais ?

外国旅行でよく行くのはどこですか？

⟨R⟩ Selon une statistique de 2008, les endroits les plus fréquentés par les voyageurs japonais étaient d'abord la Chine, ensuite la Corée du Sud, Hong Kong, les États-Unis, Hawaii, la Thaïlande, Taiwan, Guam, la France, l'Allemagne, Singapour, l'Indonésie puis l'Australie. D'autres enquêtes effectuées entre 2009 et 2012, montrent que les endroits que les Japonais souhaitent visiter sont la Corée du Sud, les États-Unis, Hawaii, l'Italie, la France, etc.

2008年の統計によると、日本人旅行者の行き先として一番多かったのが中国、次いで韓国、香港、アメリカ本土、ハワイ、タイ、台湾、グアム、フランス、ドイツ、シンガポール、インドネシア、オーストラリアの順でした。また2009年から2012年にかけての調査を見ると、行きたい国として安定した人気があるのは、韓国、アメリカ、ハワイ、イタリア、フランスなどです。

⟨Q⟩ Les pays asiatiques sont très fréquentés.

アジア諸国に行く人が多いのですね。

⟨R⟩ Oui, ils sont plus faciles d'accès pour les Japonais ; on peut partir pour une durée courte, à un prix modéré et sans trop de décalage horaire. La Corée du Sud, surtout, a suscité un grand intérêt parmi les Japonais au début des années 2000 avec le succès des feuilletons, des films et de la musique coréens. D'autre part, beaucoup de gens s'intéressent aux sites classés par l'UNESCO et vont découvrir des endroits jusqu'ici peu connus, non seulement en Asie, mais aussi dans le monde entier.

はい、日本人にとっては行きやすいからです。短い旅程で比較的安く旅行できますし、時差もあまりありません。とくに韓国は、2000年頃からテレビドラマ、映画、音楽などが人気を呼び、注目を浴びるようになりました。またアジアにかぎらず、世界遺産に興味を持って、これまであまり知られていなかった場所に出かける人も増えています。

ⓠ Combien de jours consacre-t-on à un voyage ?
どのくらいの日程で旅行するのですか？

ⓡ Selon une statistique de 2010, 61,5 % des voyages ont duré moins de 5 jours, 24,8 % moins de 10 jours et 4,6 % moins de 15 jours. Plus concrètement, on part souvent pour le week-end dans des endroits proches comme la Corée du Sud ou Taiwan, et pour une semaine environ s'il s'agit de l'Europe ou des États-Unis.

2010年の統計では5日以内が61.5％、10日以内が24.8％、15日以内が4.6％でした。具体的には、韓国、台湾のように近いところなら週末旅行、ヨーロッパやアメリカなら1週間程度の旅行が一般的といえるでしょう。

96 Les voyages des étrangers au Japon
外国人の日本旅行

Q Quels sont les moyens de transport les plus pratiques pour les touristes étrangers ?

外国人が日本を旅行する場合、交通機関は何が便利ですか？

R C'est le train. Les touristes étrangers peuvent acheter avant leur départ le «*Japan Rail Pass*», qui permet d'utiliser toutes les lignes de JR pendant 1 à 3 semaines. Attention, on ne peut acheter le JR Pass réservé aux visiteurs étrangers, qu'en dehors du Japon. Il existe aussi des JR Pass régionaux : Hokkaido, Est, Ouest et Kyushu. Dans chaque région et chaque ville, on peut trouver différents billets avantageux comme les forfaits journaliers ou des forfaits couvrant plusieurs moyens de transport. Renseignez-vous donc à l'avance. Les cartes de transport magnétiques sont très pratiques ; on peut prendre un train ou un bus sans acheter de billet et s'en servir aussi comme monnaie électronique, en les rechargeant selon les besoins.

　鉄道が便利です。出発前に「ジャパンレールパス」を買えば、1～3週間のあいだJR全線が無制限に使えます。このパスは訪日外国人専用で、日本国外でしか購入できませんから、くれぐれも注意してください。北海道、東日本、西日本、九州の各エリア内でのみ有効なジャパンレールパスもあります。また各エリア、各都市には一日乗車券、フリー切符など、さまざまなタイプの格安な乗車券があります。最新事情を調べておくといいでしょう。また専用ICカードを利用すれば、必要に応じてチャージするだけで、いちいち切符を買わずに電車やバスに乗れるうえ、電子マネーとしても利用できて便利です。

Q Les noms des gares et des lieux sont-ils écrits avec l'alphabet latin ?

駅名や地名は、アルファベットで表記されていますか？

R Dans les grandes gares et dans les grandes villes, on trouve des inscriptions en alphabet latin. On entend aussi des annonces en anglais sur certaines lignes de train et de métro. Mais dans d'autres endroits, comme les petites gares ou les arrêts de bus, on ne trouve que le nom en japonais.

大きな駅や大都市ではアルファベットの表示があります。また、英語の車内アナウンスが流れる鉄道や地下鉄もあります。けれども小さな駅やバス停などでは日本語の表記しかありません。

Q Est-il facile de trouver des hôtels et des restaurants à partir de l'adresse ?

住所からホテルやレストランを見つけることは簡単ですか？

R Malheureusement, pas tout à fait. Au Japon, à la différence de la France, la plupart des rues ne portent pas de nom. Les numéros sont distribués non pas pour chaque immeuble, mais pour chaque zone de quartier ; ils sont souvent disposés de façon mystérieuse. Même les Japonais ont du mal à trouver un lieu seulement avec l'adresse. Pour ne pas se perdre, il vaut mieux avoir un plan précis, prendre des immeubles bien en vue comme point de repère ou demander aux gens du quartier.

残念ながらあまり簡単とはいえません。日本ではフランスとちがって、ほとんどの場合、道に名前がついていません。そのうえ番地が建物ではなく区画ごとに割り当てられていて、その配置のしかたもわかりにくいのです。日本人でも、住所から目的地を見つけるのには苦労します。道に迷わないようにするには、地図を持ち歩いたり、わかりやすい建物を目印にしたり、地元の人にたずねたりするのがいいでしょう。

Q Peut-on utiliser partout les cartes de crédit ?
クレジットカードはどこでも使えますか？

R Cela dépend des endroits. On peut les utiliser en général dans les centres commerciaux, les grands magasins ou les restaurants des grandes villes. Mais on a tendance à préférer encore maintenant le paiement en espèces. En province ou dans les petites villes, les cartes sont souvent refusées. Même dans les grandes villes, il vaut mieux ne pas computer sur sa carte dans des petits magasins et restaurants.

場所によります。大都市のショッピングセンターやデパート、レストランではほとんどの場合利用することができます。とはいえ、いまだに現金による支払いを重んじる風潮がありますから、地方や小さな町では使えないことも多いでしょう。また大都市でも、小さな商店や飲食店などでは、カードが使えないと思ったほうが無難です。

Q Y a-t-il beaucoup de distributeurs de billets ?
ATMは多く設置されていますか？

R Oui, mais en 2012, tous les distributeurs n'acceptaient pas les cartes de crédit ou les cartes bancaires étrangères. Vous pouvez utiliser, par exemple, les distributeurs de billets de la poste Bank, qu'on trouve dans tout le Japon, ou ceux de certains *konbini*.

はい、ただし2012年の時点では、どのATMでも海外のクレジットカードまたはキャッシュカードで現金の引出しができるわけではありません。たとえば日本全国にあるゆうちょ銀行のATMなら利用可能です。またコンビニによっては利用可能なATMがあります。

⟨Q⟩ Peut-on trouver des endroits pour manger à un prix raisonnable ?
安く食事できるところはありますか？

® Oui. Au Japon il est très facile de faire un repas simple, pas cher et bon. On a un grand choix de restauration rapide, et à midi la plupart des restaurants offrent des menus à un prix très avantageux. Les *konbini*, les supermarchés, les boutiques de *bento* ou les rayons au sous-sol des grands magasins vendent toutes sortes de plats à emporter : *bento*, *onigiri*, sandwichs et des mets cuisinés. Pour les voyageurs en train, il est agréable de manger un *ekiben* (*bento* de la gare) avec des spécialités de chaque région.

　はい。日本は、安くておいしい軽食をとるのにとても便利な国です。ファストフードの選択肢も豊富ですし、ほとんどのレストランでは、ランチタイムに通常よりも格段に安い値段で定食を提供しています。コンビニ、スーパー、弁当店や大型デパートの地下階では、弁当、おにぎり、サンドイッチ、総菜などさまざまな種類の料理が、テイクアウト用に売られています。列車で旅をするなら、各地の名物を詰めた駅弁を車内で食べるのも楽しいものです。

97 Le *ryokan* et l'hôtel

旅館とホテル

Q Où peut-on loger pendant un voyage au Japon ?
日本を旅行しているあいだはどこに泊まったらいいですか？

R On peut choisir un hébergement en fonction du but, de la durée et du budget du voyage. Il y a des hôtels de style occidental de toutes catégories : grand hôtel de luxe, « *business hotel* » simple et moins cher, ou « *capsule hotel* » encore moins cher avec un espace minimum. Si vous voulez découvrir l'accueil et les repas traditionnels, je vous recommande d'aller dans un *ryokan*, une auberge japonaise.

旅の目的や期間、予算によって選ぶといいでしょう。西洋式のホテルには大型の高級ホテル、設備がシンプルで価格の安い「ビジネスホテル」、最低限の空間を低料金で使える「カプセルホテル」など、さまざまなカテゴリーのものがあります。日本の伝統的なもてなしを体験するには、旅館（日本式の宿）がおすすめです。

Q Les *ryokan* m'intéressent. Pouvez-vous m'en parler davantage ?
旅館に興味があります。もう少し教えてください。

R Dans les villes traditionnelles comme Kyoto et Nara ou dans des stations thermales anciennes, il n'est pas rare de voir des *ryokan* dont le bâtiment en bois est classé « bien culturel » pour son architecture ou qui possèdent des jardins magnifiques. Bien sûr, il y a aussi des *ryokan* plus modernes ou plus abordables.

京都や奈良のような古都や歴史ある温泉場などでは、木造の建物自体が文化財に指定されている旅館や、見事な庭園を持つ旅館も珍しくありません。もちろん、近代的な旅館、手ごろな料金で泊まれる旅館もあり

ます。

Q Comment se passe le séjour dans un *ryokan* ?
旅館ではどのように過ごすのですか？

R En général, on enlève ses chaussures dans le vestibule et on met des pantoufles. On est conduit ensuite jusqu'à sa chambre à *tatami*. Il faut enlever les pantoufles pour y entrer. On se détend alors jusqu'à l'heure du dîner ; on peut prendre du thé, mettre le *yukata* à votre disposition dans votre chambre, et aller dans le grand bain. On peut d'ailleurs rester en *yukata* pour manger et pour dormir. Le dîner est servi dans la chambre ou dans une salle à manger collective. Au dîner, on vous sert une dizaine de plats différents et au petit déjeuner, en général, du riz, de la soupe au *miso*, du poisson grillé, du *tofu*, du *nori*, etc. On vous prépare le *futon* le soir et on vous le range le matin.

たいていは玄関で靴からスリッパにはきかえます。畳の部屋に案内されますから、かならずスリッパを脱いで入ります。夕食まではお茶を飲んだり、部屋に置いてあるゆかたに着替えて大浴場に行ったりしてくつろぎます。食事のときも、寝るときも、ゆかたのままで過ごしてかまいません。食事は部屋に運んできてくれる場合と、共同の食堂で取る場合があります。夕食には10種類くらいの料理、朝食には普通、ご飯とみそ汁、焼き魚に豆腐や海苔などが出されます。布団の上げ下ろしは宿の人がしてくれます。

Q Une chambre d'hôtel ou de *ryokan* est-elle chère ?
ホテルや旅館の宿泊料は高いですか？

R Cela dépend bien sûr de l'endroit et du taux de change, mais on peut dire que le tarif d'une chambre d'hôtel est à peu près le même que dans une ville française de la même importance. Le tarif de *ryokan* comprend deux repas et peut donc paraître plus cher. Il faut aussi noter que le tarif dans un hôtel comme dans un *ryokan* est indiqué non pas par chambre, mais par personne.

　もちろん場所や為替レートにもよりますが、ホテルの宿泊料はフランスの同規模の都市と同じくらいです。旅館はだいたい1泊2食付きの値段なので、やや高く感じられると思います。なお宿泊料は、ホテルでも旅館でも部屋単位の料金ではなく、1名あたりの料金が提示されるので注意が必要です。

⟨Q⟩ J'aimerais bien essayer le mode de vie japonais, mais le *ryokan* me semble cher…
日本式の生活を体験したいのですが、旅館は高そうですね。

R Je vous conseille alors des *minshuku* pour une ambiance familiale. Ce sont de petits *ryokan* pas cher, mais parfois vous êtes reçus dans une chambre chez les habitants. Certains temples bouddhistes accueillent les touristes pour un prix modéré.

　家庭的な雰囲気に触れるには民宿もいいでしょう。民宿は小規模な安い旅館ですが、家族が生活する家のひと部屋に泊めてくれるところもあります。観光客が安く宿泊できる寺もあります。

98 La station thermale, *onsen*

温 泉

Q Y a-t-il beaucoup de stations thermales au Japon ?
日本には温泉が多いですか？

R Oui, il y en a dans tout le Japon. On compte environ 7 500 sources d'eau chaude d'origine volcanique. Chaque eau thermale présente des propriétés particulières selon les minéraux qu'elle contient : couleur, odeur et propriétés bénéfiques. Les Japonais adorent aller dans les *onsen*.

　はい、日本全国に火山性の源泉が約7500あります。含まれる成分によって、さまざまな色、匂い、効能を持つ温泉があります。日本人は温泉に行くのが大好きです。

Q Que fait-on dans les *onsen* ?
温泉では何をするのですか？

R Contrairement aux habitudes françaises, on n'y va pas pour une cure thermale prescrite par un médecin. Autrefois, les gens faisaient de longs séjours de cure, mais aujourd'hui, on va dans les *onsen* en touriste pour passer deux ou trois jours dans une auberge. À l'arrivée dans l'auberge, on met un *yukata*, on va dans les bains à plusieurs reprises, et on se détend. On peut aussi profiter de séances de massage.

　フランスのように医者の処方にしたがって温泉治療を受けるわけではありません。昔は長期間の湯治がさかんでしたが、現在は観光を兼ねて温泉地へ行き、1、2泊します。宿に着くとゆかたに着替え、何度も風呂に入ってくつろぎます。マッサージのサービスも頼めます。

Q Comment sont les bains dans un *onsen* ?

温泉の風呂はどんなですか？

R Les auberges possèdent en général deux très grandes salles de bains, une pour hommes, une pour femmes, et plusieurs autres plus petites. Certains bains sont des *rotenburo*, en plein air, où on peut se baigner en communion avec la nature et en admirant le paysage. En hiver, il est agréable de recevoir des flocons de neige, immergé dans de l'eau chaude.

宿には男女ひとつずつの広々とした大浴場のほかにも、複数のもう少し小さい浴場があります。屋外には露天風呂もあり、自然との一体感を味わい景色を眺めながら入浴することができます。冬なら舞い降りる雪のなかで熱いお湯につかる楽しみもあります。

Q Faut-il passer la nuit sur place pour profiter d'un *onsen* ?

宿泊しないと温泉には入れませんか？

R Non. Il y a beaucoup d'*onsen* où on peut aller pour la journée. On peut aussi s'arrêter en route à un *onsen* pour se baigner, se reposer et repartir. Les *onsen* se trouvent également en ville ; ce sont des établissements de loisir très faciles d'accès et populaires.

いいえ。日帰りで利用できる温泉も多いです。旅の途中で立ち寄って入浴し、休憩してまた別のところに行くこともできます。また、都会にも温泉があって、気軽に楽しめるレジャー施設になっています。

Q Y a-t-il des règles de savoir-vivre pour prendre un bain ?

温泉に入るときに注意することはありますか？

R D'abord, il faut se déshabiller entièrement. Pour maintenir la propreté de l'eau, on se lave et se rince complètement avant d'entrer dans l'eau. Faites attention, car l'eau est très chaude : entre 39 et 42 degrés. Il ne faut pas tremper dans le bain la petite serviette qu'on utilise pour se laver et pour se sécher. Il vaut mieux ne pas se doucher en sortant si l'on veut garder les effets bénéfiques de l'eau. Il est conseillé de ne pas prendre de bain tout de suite après avoir mangé ou bu de l'alcool.

まず衣服をすべて脱がなければなりません。お湯を清潔に保つため、湯船につかる前によく体を洗います。お湯はとても熱く、39度から42度あるので気をつけてください。体を洗ったり、拭いたりするためのタオルはお湯のなかに入れないようにします。そして出るときには、せっかくの有効成分を流してしまわないよう、シャワーを控えます。また、食事や飲酒の後は、すこし時間をおいてから入る方がいいでしょう。

Q J'ai entendu parler de bains mixtes.
混浴の温泉があるそうですが。

R En général, les bains hommes et femmes sont séparés. Mais autrefois, les bains mixtes étaient tout à fait courants. Le gouvernement de Meiji a interdit la mixité du bain, mais l'habitude a persisté jusqu'aux années 1960 dans les stations thermales provinciales. Il reste encore aujourd'hui des bains mixtes, surtout dans les régions de Kyushu et de Tohoku.

一般には男女別です。でも昔は、混浴が普通に行われていました。明治政府は混浴を禁止しましたが、地方の温泉では混浴の習慣が1960年代まで続き、現在でも、九州や東北などには混浴の温泉が残っています。

Q Est-il possible pour une famille ou un couple d'aller ensemble dans le bain ?
家族やカップルで一緒に入ることはできますか？

R Oui. À part les bains mixtes, il y a des bains pour famille ou des bains réservés à l'utilisation privée que l'on peut fermer à clé.

はい、できます。混浴の温泉のほか、家族風呂、貸切風呂などと呼ばれるものがあり、内側から鍵をかけて使うことができます。

99 La nature et les paysages
自然と景観

Q Quels sont les paysages naturels que l'on peut admirer au Japon ?

日本で自然が美しいのはどんなところですか？

R Tout d'abord, on peut citer les superbes paysages de Hokkaido dans le nord du pays. La nature y est presque entièrement préservée. Dans la campagne en été, les champs sont recouverts de fleurs. Les paysages sauvages et austères des côtes en hiver sont aussi très impressionnants. Parmi les paysages grandioses, on peut citer les monts Daisetsuzan, Oakandake, Meakandake, ainsi que les *onsen* qui jaillissent autour des très nombreux lacs. La péninsule de Shiretoko est inscrite sur la liste du patrimoine mondial naturel.

まず、列島の一番北にある北海道の壮大な景色を挙げましょう。北海道の自然はほとんど損なわれていません。夏、平原は野の花に覆われます。冬の海岸の厳しく荒々しい風景も印象的です。大雪山、雄阿寒岳、雌阿寒岳などの雄大な山々もあり、数多くの湖のまわりには温泉が湧き出ます。知床半島は自然遺産として世界遺産に登録されています。

Q Et dans le nord de l'île principale de Honshu ?

本州の北部ではどうでしょう？

R Dans la région de Tohoku, on peut admirer la beauté des montagnes (Hachimantai, Chokai-san, Bandai-san, etc.) et des lacs (Towada-ko, Tazawa-ko, etc.). Sur la péninsule d'Oga on peut voir des paysages sauvages créés par les vagues de la Mer du Japon. La côte pacifique de Tohoku a été ravagée par le tremblement de terre et le *tsunami* du 11 mars 2011, mais grâce aux efforts pour la réhabilitation des zones sinistrées, les touristes peuvent de nouveau admirer les paysages naturels, comme la côte découpée de Rikuchu et la baie de Matsushima avec ses îlots couverts de pins.

東北地方では山（八幡平、鳥海山、磐梯山など）や湖（十和田湖、田沢湖など）の美しさが楽しめます。男鹿半島では日本海の荒波が作り出した景色が見られます。東北地方の太平洋岸は2011年3月11日の地震と津波で壊滅的な被害を受けました。それでも復興に向けた努力の結果、リアス式海岸の陸中海岸や松の茂る小島が散在する松島湾といった景勝地が、ふたたび多くの観光客を楽しませています。

◇ Et dans la région autour de Tokyo, le Kanto ?
東京の周辺、関東では？

❀ Bien que l'urbanisation se poursuive, il reste de magnifiques sites naturels. Hakone est connu pour ses montagnes, ses *onsen* au bord du lac Ashi et ses vues du mont Fuji. Les côtes de Boso et les forêts de Nikko offrent de beaux paysages. Dans les montagnes d'Okutama, à une heure et demie du centre de Tokyo, on peut faire des balades sur des sentiers boisés, le long des torrents et apprécier la vue de la plaine du Kanto.

都市化が進んでいますが、すばらしい自然の景観も残っています。箱根は山並みや芦ノ湖畔の温泉、富士山の眺望で知られています。房総の海岸や日光の森でも美しい景色が楽しめます。都心から1時間半で行ける奥多摩の山々では森の中や渓流沿いの小道を歩き、関東平野の展望を楽しむことができます。

◇ Et dans la région centrale, Chubu ?
中央の中部地方は？

❀ Il y a de très nombreux sites touristiques. On peut citer tout d'abord le mont Fuji dont le sommet est le plus élevé du Japon. Il a été inscrit sur la liste du patrimoine mondial en tant que bien culturel. Il y a aussi les hauts plateaux et les Alpes japonaises, chaîne de montagnes à plus de 3 000 m d'altitude. Du côté de la mer du Japon, on peut admirer les paysages très variés des rivages de la péninsule de Noto.

観光スポットがたくさんあります。世界文化遺産に登録された日本最高峰の富士山をはじめ、数々の高原、日本アルプスの3000m以上の山々があります。日本海側の能登半島では、変化に富んだ海岸風景が見られます。

Q Et dans le Kinki ?
近畿地方では？

R Je vous conseille tout d'abord la côte découpée de Ise-Shima, puis les forêts et les paysages montagneux de Yoshino et Kumano. Cette région était un sanctuaire, et ses sites sacrés et ses chemins de pèlerinage sont inscrits sur la liste du patrimoine mondial de l'UNESCO. Au printemps, Yoshino est particulièrement apprécié pour la floraison des cerisiers. Le lac Biwa, le plus grand du Japon, offre des paysages variés selon les saisons.

まず伊勢・志摩のリアス式海岸、そして吉野・熊野の山岳と森林をおすすめします。古くは聖地だったこの地域の霊場と参詣道は、世界遺産に登録されています。春にはとくに吉野で桜を満喫できます。日本最大の湖、琵琶湖も四季折々の姿を楽しませてくれます。

Q Et plus à l'ouest, dans le Chugoku ?
さらに西の中国地方は？

R Cette région est prise entre deux mers très contrastées. La mer du Japon et les dunes de Tottori composent des paysages gracieux et paisibles, tandis que le détroit de la mer Intérieure et ses innombrables îlots sont très ensoleillés et renvoient une image plus colorée et animée. Sur le plateau karstique Akiyoshidai, on peut visiter des grottes calcaires dont Akiyoshi-do.

中国地方は対照的なふたつの海にはさまれています。日本海と鳥取の砂丘は優雅で静かな風景を構成し、瀬戸内海と無数の小島は明るく陽気な美しさを作り出しています。秋吉台のカルスト台地では秋芳洞ほか、たくさんの鍾乳洞を見ることができます。

Ⓠ Et sur l'île de Shikoku ?
四国は？

Ⓡ Cette région attire les touristes avec ses vastes paysages maritimes du cap Ashizuri, le courant limpide de Shimantogawa ou le charme de la campagne paisible où circulent les pèlerins.

足摺岬の豪快な海の景色や、四万十川の清流、お遍路さんの行くのどかな田舎の魅力で観光客を集めています。

Ⓠ Et sur l'île de Kyushu ?
九州は？

Ⓡ Les paysages y sont très variés. On y trouve des volcans encore en activité comme les monts Aso, Unzen, Sakurajima, ou Kirishima, les îlots et les côtes accidentées d'Amakusa, la plage subtropicale de Nichinan ou l'île de Yakushima, inscrite au patrimoine mondial de l'UNESCO, connue pour ses cyprès géants. Plus au sud se trouve l'archipel Nansei avec Okinawa. Beaucoup de ses îlots sont encore peu fréquentés.

さまざまな風景に出合います。阿蘇、雲仙、桜島、霧島などの活火山、天草の入り組んだ海岸や島々、日南の亜熱帯の海、巨大な杉で知られる世界遺産の屋久島などがあります。ずっと南には沖縄を含む南西諸島があります。まだ訪れる人の少ない島もたくさんあります。

100 Les sites historiques
名所旧跡

Q Quels sont les sites historiques les plus connus ?
歴史的名所として有名な場所を教えてください。

R Les sites les plus célèbres sont les anciennes capitales, Nara et Kyoto. Les autres sites que les Français aiment sont Koyasan (préfecture de Wakayama), Miyajima (préf. de Hiroshima) et Hida-Takayama (préf. de Gifu). Le Koyasan est depuis 1200 ans, un lieu d'exercices ascétiques de l'école bouddhique ésotérique Shingon. À Miyajima, il y a le sanctuaire « flottant » d'Itsukushima. Ce sanctuaire en bois est érigé dans la mer, type de construction rare même au Japon. Enfin, Takayama a gardé l'aspect d'une ville développée autour d'un château et de ville commerçante de l'époque Edo. Dans le Guide Michelin, Takayama est classé trois étoiles : site qui vaut le détour.

　一番の名所は、かつて都として栄えた奈良、京都です。そのほかフランス人に人気があるのは、高野山（和歌山県）、宮島（広島県）、飛騨高山（岐阜県）などでしょうか。高野山はおよそ1200年前に開かれた真言密教の修行道場です。また宮島にある厳島神社は「浮かぶ」神殿で、海のなかに木造建築が立ち並ぶ、日本でも珍しい神社です。そして高山には旧市街に江戸時代以来の城下町・商家町の姿が保全されています。高山は、ミシュランの旅行ガイドでも必見の観光地として3つ星を獲得しています。

Q Que faut-il voir à Nara pour mieux connaître l'histoire de la culture japonaise ?
日本の文化史をもっと知るために、奈良では何を見たらいいでしょう？

R Nara, capitale au 8e siècle, est le berceau de la culture japonaise. Le temple Todaiji abrite un grand Bouddha, haut de 16,2 m ; au sanctuaire shintoïste Kasuga-taisha, des cerfs sont élevés en liberté ; le temple Yakushiji est connu pour sa belle pagode ; le musée national est extrêmement riche en œuvres d'art bouddhique. Près de Nara, on peut visiter le bâtiment en bois le plus ancien du monde, le temple Horyuji, ou bien, suivre de petits chemins de campagne pour découvrir de nombreux petits temples ou des tumulus.

8世紀に遷都された奈良は、日本文化発祥の地です。東大寺には高さ16.2mの大仏があり、春日大社では鹿が放し飼いにされています。薬師寺は美しい塔で知られていますし、国立博物館は仏教美術の宝庫です。奈良の近くでは世界最古の木造建築である法隆寺を訪れたり、田舎道を散策してあちこちで小さな寺や古墳を見つけたりするのもいいでしょう。

Q Et à Kyoto ?
京都ではどうですか？

R Kyoto, siège du palais impérial pendant plus de 1000 ans, a conservé une culture traditionnelle très particulière qui se reflète dans la vie quotidienne de ses habitants : le langage, les mœurs, la cuisine, les maisons, et l'artisanat comme la teinture, le tissage, la laque, la céramique, etc. Les temples sont innombrables : Kinkakuji, le pavillon d'or, Ginkakuji, le pavillon d'argent, Ryoanji et son jardin de pierres, Saihoji et son jardin de mousse, Kiyomizudera, célèbre pour sa plate-forme soutenue par une puissante armature de bois, sont parmi les plus fréquentés. Les villas impériales de Katsura et de Shugakuin sont renommées pour la beauté de leur architecture, de leurs jardins et de leurs décorations raffinées. Les bois de bambous, de cerisiers ou d'érables de Sagano, à l'ouest de Kyoto, abritent de petits temples et des ermitages.

京都は1000年以上にわたって皇居があった都で、人々の暮らしに独特の伝統文化が根づいていることは、言葉、習俗、料理、家屋、そして染物、織物、漆器、陶芸などの工芸を見ればわかります。寺社は無数にあります。金閣寺、銀閣寺、竜安寺とその石庭、西芳寺とその苔庭、舞台が有名な清水寺などが、訪れる人の多い寺です。桂離宮、修学院離宮は建築、庭園、そして洗練された装飾の美しさで知られています。京都の西、嵯峨野の竹林や桜、楓の木立のなかにはひっそりと小さな寺や庵が立っています。

Q Et à Kamakura ?
鎌倉はどうですか？

R Kamakura, l'ancien siège du pouvoir shogunal de la fin du 12e siècle au 14e siècle, se trouve près de Tokyo. Vous pouvez y passer la journée pour visiter ses temples dispersés sur les collines des alentours et le grand Bouddha de Hase.

東京近郊の鎌倉は、12世紀末から14世紀にかけて幕府のあった古都です。周辺の山に散在する寺や長谷の大仏を訪ねるといいでしょう。

Q Y a-t-il d'autres endroits à voir ?
ほかにおすすめはありますか？

R Dans la forêt de Nikko, Toshogu, le mausolée du *shogun* Tokugawa Ieyasu, frappe les yeux des visiteurs avec ses couleurs éblouissantes et ses décorations réalisées au moyen de techniques extrêmement élaborées. Les châteaux forts de Kumamoto, de Matsumoto ou de Himeji sont des constructions d'un autre style, plus sobre. Le château de Himeji est appelé « le château de l'aigrette » pour son allure gracieuse.

日光の森のなかには将軍・徳川家康の霊廟、東照宮が絢爛たる色彩と高度の技巧を凝らした装飾で、見る人を驚かせます。熊本、松本、姫路などの城郭は簡素な様式の建築です。姫路城はその優美な姿から「白鷺城」と呼ばれます。

Q　Et il faut aussi parler de Tokyo.
東京のことも教えてください。

R Oui, bien sûr. Tokyo est une ville ultra-moderne. Marunouchi est un quartier de bureaux bien aménagé. À l'ouest du quartier de Shinjuku appelé « nouvelle capitale » s'élèvent des tours de 40 ou 50 étages. Dans les quartiers de Ginza et d'Omotesando s'alignent des boutiques de grandes marques européennes. Les quartiers de Shibuya, Harajuku, Roppongi et Odaiba sont fréquentés par des jeunes habillés à la dernière mode, et on y voit des gens de toutes les nationalités. Mais allez aussi dans d'autres endroits : vous pourrez sentir l'atmosphère animée et populaire d'antan en visitant Asakusa ou le marché aux poisson de Tsukiji. Promenez-vous aussi dans les petites ruelles ou dans les quartiers où habitent les gens : vous découvrirez la vie quotidienne des Japonais. Dans la banlieue ouest se trouve le mont Takao avec un temple bouddhiste de la secte Shingon, idéal pour les petites balades en montagne : on a aménagé plusieurs sentiers de randonnée et, pour les moins sportifs, on y a installé un funiculaire et un télésiège. Quand il fait beau, on a une vue panoramique sur les tours de Shinjuku, le mont Fuji et d'autres montagnes. Le mont Takao a été classé trois étoiles dans le Guide Michelin.

　もちろんです。東京は超近代的な都市です。丸の内は整然としたオフィス街、新宿の西にある「副都心」には40〜50階建のビルが建ち並んでいます。銀座や表参道にはヨーロッパの高級ブランドのブティックが

連なります。渋谷、原宿、六本木、お台場には最新流行の服装をした若い人々が集まり、外国人も多くいます。でも、そういう大都会以外の場所も訪ねてみてください。浅草や築地の魚市場では、活気に満ちた昔ながらの下町情緒に出合うことでしょう。小さな路地や住宅街も歩いてみましょう。日本人の日常生活が見られます。また西の郊外の高尾山は真言宗の寺のある、散策路が整備されたハイキング向きの山で、歩き慣れない人のためには、ケーブルカーとリフトがあります。晴れた日には新宿のビル街や富士山、他の山々などが見えます。この高尾山はミシュランの旅行ガイドでも３つ星の評価を受けました。

日本固有のものを示す語リスト

- 日本固有のものを示す語はイタリックで表記し、索引をつけました。太字で示したページに、おもな説明があります。なお、本文の項目全体がその語の説明にあてられている場合には、項目の範囲にあたるページをまとめて表しました。
- フランス語に取り入れられ、定着している語（kaki, kimono, zenなど）もこの本では日本語として扱い、イタリックで表記しました。このような語はフランス語の名詞として使われる場合、複数には -sをつけます。また、ほぼすべて男性名詞です。

A

anime 254

B

bento **21**, 74, 183, 270
bon-odori 225
bunraku 199, **205-206**

C

chanoyu **200-202**, 229
chasen 201
chirichozu 243
chugakko 177
chugen 67
cool-biz 126

D

daigaku **177**, 179
daigakuin **178**, 179
dashimono 210
do 240
dohyo **243**
donburi 21, 26

E

ekiben 270

F

fugu 31
furikome sagi 147
furisode 195
furo 58
fusuma 50
futon **56-57**, 60, 272

G

gagaku **199**, 253
geta 197
gohan 25

H

haiku **212-214**, 215
hanayome-shugyo **111-112**
harai 221
harakiri 145
hashi 23
heya 243
higan 225
hikikomori 189
hiragana 91
hyakunin-isshu 215, **216**

I

ijime **146**, 189
ikebana 54, **203-204**

J

jieitai 155
joruri 205
ju 240
judo 234, **240-241**
judogi 241
judoka 240
juku 181, **189**

K

kabuki 199, **210-211**, 250
kaiseki-ryori 201
kaitenzushi 30
kake-buton 56
kakejiku 54
kaki 38, 39
kamikaze 145
kana **91**, 92
kanji **91**, 92, 93
karaoke 252
karoshi 118
kata 210
katakana 91
katsuobushi **31**, 43
kendo 184
kenzan 203
kigo 213
kimono 113, **194-197**, 211
koicha 201
koko 177
konbini 71, **74-75**, 269, 270
konbu 43
konkatsu 109
kosen 177
kosupure 258
kotatsu 60
koto 111, 199, **253**
kotogakko 177
kotosenmon-gakko 177
kouta 199
kyogen **207-208**

M

mage 242
manga 250, **254-256**, 258
manzai 199
matcha 111, **201**
matsuri 196
mawashi **242**, 243
mikan **38**, 39

minshuku 273
miso 21, **42**, 43, 272
misogi 221
momiji 13

N

nabe 13
nagauta 199
nakodo 108, 109
nashi **38**, 39
nigirizushi (nigiri) 30
nihonshu 36
ningyo-joruri 205
nishiki-goi 260
no 199, **207-209**, 250
no-butai 208
nogaku 207
nori 21, 43, 272

O

obi **195**, 196, 197
obon 101, **225**, 262
oden 74
omiai 109
omikuji 222
onigiri 21, 74, 270
onsen **274-276**, 277, 278

otaku 254, 258

R

rakugo 199
rikishi **242**, 243, 244
rotenburo 275
ryokan 194, 196, **271-273**

S

sabi 201
sado 200
sake 20, 28, 31, **36**, 42
sashimi 29
seibo 67
senryu 213
shakuhachi 253
shamisen 111, 199, 205, **253**
shiba-inu 260
shichi-go-san 222
shiki-buton 56
shikiri 243
Shinkansen 76, **78-80**
shochu 20, **36**
shogakko 177
shogun 283
shoin-zukuri 203
shoji 50

shoyu ·················· 42, 43
sugi ························· 96
sumo ········ 148, 234, **242-244**
sushi ···················· **29**, **30**

T

tabi ························ 197
takuhaibin ············ 74, **94**
tandai ····················· 177
tanka ······················ 215
tanki-daigaku ············ 177
tatami ····················
50, 51, 52, 53, **54-55**, 56, 57, 216, 272
tenno (Tenno) ········ **153-154**
tofu ····················· **43**, 272
tokonoma ········ **54**, 111, 203
torii ······················· 222
tosa-ken ··················· 260
tsukemono ················ 21
tsunami ·············· 149, 277
tsunokakushi ············· 113
tsuyu ···················· **12**, 13

U

uchikake ·················· 113
ukiyoe ····················· 198
ume ························ 39
usucha ····················· 201

W

wabi ······················ 201
wadaiko ···················· 253
waka ···················· **215-216**
waribashi ················· 24
wasabi ··············· 29, 30, **43**

Y

yamatoe ··················· 198
yokozuna ·················· 244
yukata ······ **196**, 197, 272, 274
yutori ······················ 189

Z

zabuton ···················· 54
zagashira ·················· 210
zaisu ······················· 55
zazen ·················· 224, **228**
zen ························
198, 201, 224, **227-229**
zori ························ 197

中井 珠子（なかい たまこ）
　白百合女子大学教授、放送大学客員教授。
　国際基督教大学教養学部卒業、パリ第7大学でDEA取得。主な編著書に『コミュニケーションのためのフランス語リスニング入門』（白水社）、『フランス語はじめの一歩』（ちくま文庫）、『ロベール・クレ仏和辞典』（駿河台出版社、共編）、主な訳書に『気まぐれ少女と家出イヌ』（白水社）、『チェスをする女』（筑摩書房）。

南　玲子（みなみ れいこ）
　明治大学兼任講師。
　東京大学大学院総合文化研究科地域文化研究専攻博士課程修了、博士（学術）。同大学院在学中にパリ第3大学でDEA（文学）を取得。専門は19世紀前半のフランスにおける、ヨーロッパ各国民像の形成および表象。日本学術振興会特別研究員、放送大学非常勤講師を経て現職。著書に『スタンダール変幻』（慶應義塾大学出版会、共著）。

飯田 良子（いいだ りょうこ）
　アンスティチュ・フランセ東京（旧日仏学院）講師、白百合女子大学非常勤講師。
　国際基督教大学教養学部卒業後、ジュネーブ大学、グルノーブル第3大学で「外国語としてのフランス語教育」について研究。文学修士。編著書に『フランス語で言ってみたいこの一言』（語研）、『フランス語がもっとうまくなる単語・熟語・フレーズ』（語研、共著）、『ロベール・クレ仏和辞典』（駿河台出版社、共編）。

フランス人が日本人によく聞く100の質問 全面改訂版

2013年6月20日　第1刷発行
2019年4月10日　第3刷発行

著　者　中井 珠子　南 玲子　飯田 良子
発行者　前田 俊秀
発行所　株式会社 三修社
　　　　〒150-0001　東京都渋谷区神宮前 2-2-22
　　　　TEL 03-3405-4511　FAX 03-3405-4522
　　　　http://www.sanshusha.co.jp/
　　　　振替　00190-9-72758
　　　　編集担当　松居 奈都
印刷製本　萩原印刷株式会社

© Tamako Nakai, Reiko Minami, Ryoko Iida 2013 Printed in Japan
ISBN978-4-384-05728-7 C2085
装　　幀　ノムラジュンイチ（アートマン）
本文イラスト　大川紀枝（solve）

JCOPY 〈出版者著作権管理機構 委託出版物〉

本書の無断複製は著作権法上での例外を除き禁じられています。複製される場合は、そのつど事前に、出版者著作権管理機構（電話 03-5244-5088 FAX 03-5244-5089 e-mail: info@jcopy.or.jp）の許諾を得てください。